TREASURY CASH MANAGEMENT:
THEORY AND POLICY

国库现金管理：
理论与政策

马洪范 / 著

在由传统社会走向现代社会的过程中，国库往往作为先行力量成为塑造国家的利器，而后在现代国家成长阶段成为稳定和完善国家治理的工具和手段。可以讲，现代国家的建立肇始于现代国库。国库现金管理制度的建立与健全，标志着国库制度现代化的全面实现。

经济科学出版社
Economic Science Press

图书在版编目（CIP）数据

国库现金管理：理论与政策/马洪范著．—北京：经济科学出版社，2014.8

ISBN 978-7-5141-4923-4

Ⅰ.①国… Ⅱ.①马… Ⅲ.①国库—现金管理—理论研究—中国②国库—现金管理—金融政策—中国 Ⅳ.①F832.21

中国版本图书馆CIP数据核字（2014）第185654号

责任编辑：范　莹
责任校对：徐领弟
责任印制：李　鹏

国库现金管理：理论与政策

马洪范　著

经济科学出版社出版、发行　新华书店经销
社址：北京市海淀区阜成路甲28号　邮编：100142
总编部电话：010-88191217　发行部电话：010-88191522
网址：www.esp.com.cn
电子邮箱：esp@esp.com.cn
天猫网店：经济科学出版社旗舰店
网址：http://jjkxcbs.tmall.com
北京盛源印刷有限公司印装
710×1000　16开　14印张　200000字
2014年8月第1版　2014年8月第1次印刷
ISBN 978-7-5141-4923-4　定价：38.00元
（图书出现印装问题，本社负责调换．电话：010-88191502）
（版权所有　翻印必究）

目 录

导论：放宽认识国库的视角 ·············· 1

 一、一个古老的发展异常缓慢的国家机构 ·············· 1

 二、从库藏国库走向现代国库 ·············· 3

 三、中国国库制度的现代化 ·············· 5

第一章　国库现金管理的产生与发展 ·············· 9

 一、现金管理的提出 ·············· 10

 二、国库现金管理的兴起 ·············· 15

 三、中国国库现金管理的试点与开展 ·············· 22

第二章　国库现金管理的原理与应用 ·············· 31

 一、国库现金管理的内涵与本质 ·············· 31

 二、国库现金管理的主要内容 ·············· 37

 三、国库现金管理的基本策略 ·············· 41

 四、国库现金管理的职能作用 ·············· 47

第三章　国库现金管理的经验与借鉴 ·············· 51

 一、美国国库现金管理 ·············· 51

二、英国国库现金管理 ·· 60
　　三、欧盟国家国库现金管理 ·· 69
　　四、澳大利亚国库现金管理 ·· 77
　　五、巴西国库现金管理 ·· 85
　　六、国际经验总结与借鉴 ··· 89

第四章　国库现金管理的模式与比较 ·································· 93
　　一、国库现金管理的主要模式 ·· 93
　　二、美英国库现金管理模式的差异析源 ···························· 98
　　三、中国国库现金管理模式的现实选择 ···························· 104

第五章　国库最佳现金持有量的确定 ·································· 107
　　一、国库最佳现金持有量的定性描述 ······························ 107
　　二、国库最佳现金持有量的定量描述 ······························ 109
　　三、现金计划编制与管理 ··· 116

第六章　国库现金管理的关系协调 ······································ 122
　　一、国库现金管理的政策效应分析 ·································· 122
　　二、国库现金管理与财政政策管理的关系协调 ················· 128
　　三、国库现金管理与货币政策管理的关系协调 ················· 133

第七章　地方国库现金管理的战略选择 ······························· 143
　　一、发达国家的经验教训及启示 ····································· 144
　　二、地方国库现金管理的模式选择 ·································· 151
　　三、中国地方国库现金管理面临的问题与挑战 ················· 155
　　四、地方国库现金管理的经济影响 ·································· 158
　　五、中国地方国库现金管理的方案设计 ··························· 164

第八章　现代国库"数目字管理"能力建设 ······················· 170
　　一、何为"数目字管理" ··· 170

二、建造财政信息基础设施 …………………………… 173
三、科学管理财政数据 ………………………………… 175
四、财政数据集中及其实现路径 ……………………… 177
五、财政数据的深度利用 ……………………………… 182

结语：从历史走向未来 …………………………… 185

一、中国国库改革溯源 ………………………………… 185
二、现代国库理论的创立 ……………………………… 189
三、建立现代化的国库 ………………………………… 192

附录 …………………………………………………… 195

中央国库现金管理暂行办法 …………………………… 195
Baumol 模型和 Miller—Orr 模型的原理与推导 ……… 200
财政信息化建设的"洛阳"特色 ……………………… 204

主要参考文献 ………………………………………… 206
作者已发表的相关研究成果 ……………………… 212
后 记 ………………………………………………… 215

导论　放宽认识国库的视角

一、一个古老的发展异常缓慢的国家机构

明朝万历年间，北京发生了一起国库腐败大案，主犯李伟，爵封武清伯，慈圣太后的父亲，万历皇帝的外祖父。许多劣质物品，尤其是劣质棉布与军服，经由其手缴入国库，在驻京部队中引起无数怨言。万历皇帝接到张居正[①]等臣僚对此事的控告后，亲自拿了一匹劣质棉布呈进于慈圣太后。太后既愧又怒，表示要按国法处置。[②]

原来，各省上缴中央国库的实物，必须经过检验，质量合格才能入库，否则拒绝接受，解送实物的人员就会长期滞留在北京而不能回家。实际上，所谓质量并无具体标准，可由经办官员甚至其中介人随心所欲地决定。如果解送实物的人员懂得其中的奥

[①] 张居正（1525～1582 年），明朝中后期政治家、改革家，辅佐万历皇帝开创了"万历新政"。万历十年 6 月 20 日卒，年五十八，赠上柱国，谥文忠，死后不久即被抄家，并削尽其宫秩，追夺生前所赐玺书、四代诰命，家属或饿死或流放。天启二年（1622 年），天启皇帝为张居正复官复荫。

[②] 黄仁宇著：《万历十五年》，生活·读书·新知三联书店 1997 年版，第 14 页。

秘，赠送中介人以一定金额的好处费，中介人扣除佣金后再转送给经办官员，所缴实物就可以被接纳入库。而李伟就是当时最为权威的仓库中介人之一。

李伟案件只是库藏国库管理时代司空见惯的一件小事，只因遇到了冲动的万历皇帝与执拗的张居正首辅，才被搞得沸沸扬扬。在张居正的调解下，这一案件最终达成了一个保全太后面子的协议：李伟不需到法庭报到，但须被召唤到宫门外申饬一顿，并保证不得再犯。事情告一段落以后，张居正乘机大批撤换仓库管理员，意在禁绝索取"铺垫费"这一陋习。

然而，事情的真正结局，绝对出乎张居正的预料。因为他自己在死后半年受到清算，两年后被抄没家产，长子张敬修自缢身亡。相反，本案主角李伟在张居正死后三个月由原来的武清伯升任武清侯，死后又被追封为国公。① 总之，李伟案件仅仅影响了个别人的利益和命运，没有给民间或社会带来多大冲击。在"普天之下，莫非王土"的时代，国库案件离老百姓实在是太远了。正是因为这一点，尽管国库是一个非常古老的国家机构，但其发展演变却异常缓慢。

有了国家，有了财政，必然要有国库。我国有文字记载最早的国库雏形大约始于公元前11世纪的周朝。周设天、地、春、夏、秋、冬六官，天、地均有监管财务职责，专司府库职责者有大府、王府、内府、外府。秦汉时期，已初步把国家收入与皇室收入分开，各有组织，各有核算，改变了过去国家的收支就是皇室收支的做法，从而使国库逐步成为国家的实物库。元朝时期不仅有实物库，而且已有金银库。康熙年间，赋税统一以白银作为计量单位，对征收交纳实物者，均将实物折合银两核算，国库逐

---

① 黄仁宇著：《万历十五年》，生活·读书·新知三联书店1997年版，第34页。

步从实物库过渡到以货币为计量单位的金库。总之,从周朝至清朝末期,我国的国库管理一直实行按行政系统设立实物库的制度,并实现分设实物库和金银库,建立起适应当时经济发展的库藏制度。

二、从库藏国库走向现代国库

库藏国库制度在中国一直持续到晚清时期(公元 1908 年)。清光绪三十年(公元 1904 年)春,由户部奏请,经批准试办大清户部银行,并于次年 8 月,在北京成立总行,正式对外营业。光绪三十四年(公元 1908 年),户部银行改名为大清银行,同时奏定大清银行则例 24 条,确定该行为国家银行,准许经理国库事务及公家一切款项,代理公债及各种证券,结束了我国几千年以来实行的库藏国库制度。然而,与国外相比,在中华大地上终于形成的这一重大的制度变迁实在是太迟了。1694 年,第一家资本主义国家银行——英格兰银行的成立,标志着英国由传统的库藏管理时代开始进入现代国库管理时代。至此,中国开始被欧洲发达国家抛在了后面。

17 世纪后叶至 18 世纪中叶的英国,财政腐败触目惊心,与中国封建社会不无相似。1689 年,即英国"光荣革命"的第二年,议会要求政府必须详细、及时地记录财政支出,并提出通过监督公共账户来实现对公开支出的控制。然而,反腐败的道路注定是漫漫征途,况且全国范围内的金融体系尚未建立,如何谈得上管理与监督资金账户?历史告诉我们,这一提议在 98 年后才得以成为现实。1787 年,英国议会通过了《统一基金法》,自该年始,政府所有收入均纳入统一基金,所有支出均由统一基金支付。从此,以往采用的极为复杂的专项收入用于专项支出的制度宣告终结，国库单一账户制度正式建立。① 它的问世，实现了一级政府只有一本账的目的，为全面陈述政府财政活动奠定了基础。到1861年公共账户委员会成立时，英国议会及政府已无必要将主要精力集中在反腐败问题上了。

当我们将视角从亚洲、欧洲转向美洲时，将有新的发现。美国独立后，自1791年始，以英国经验为基础，分别由第一银行、第二银行、州立银行和国民银行代理国库。但在1837年，纽约发生了金融恐慌并蔓延到全国，导致大批银行倒闭，国库为此蒙受重大损失，从而促使联邦政府于1840年实行独立国库制度，自行设库管理财政收支，1846年《独立国库法》对此做出详细规定。② 这一经历弥足珍贵，不仅因为其他国家不曾有类似经历，而且因为它至今都能带给我们诸多启发。

事实上，美国的独立国库未能真正独立。南北战争爆发后，为筹措战费，财政部被迫于1861年2月向银行贷款5000万美元，后又要求银行协助出售政府债券。1864年《国民银行法》规定除关税收入外的其他公共资金都可存储于各国民银行，财政部可以利用各国民银行作为联邦政府的财政代理。1907年《独立国库法》（修正案）不再禁止财政部把海关收入存储于各国民银行。至此，独立国库不仅名不副实，而且演变成为发行货币的银行、全国银币储备中心、黄金与汇率调控中心，其中央银行功能充分显现。

然而，由财政领导下的独立国库履行中央银行职能，直接导致了金融危机的频繁发生，也导致了当时银行改革运动的兴起，

---

① 张馨、袁星侯、王玮著：《部门预算改革研究：中国支付预算制度改革剖析》，经济科学出版社2001年版，第38页。

② 陈明著：《美国联邦储备体系的历史渊源》，中国社会科学出版社2003年版，第64～72页。

1914年联邦储备体系的建立就是这场运动的直接结果。从此,独立国库名正言顺地消亡了,美联储开始为政府开立存款账户,财政支出通过联储理事会、12家联储银行及25家分行组成的电信拨款系统进行。为避免把全部政府资金都由联储体系存入和提取所带来的对金融市场的扰动,财政部通常将其存款余额的一部分(几百亿美元)存放在联储银行,其余部分存入1.3万多家商业银行的"税收和公债账户"中。直到今天,美国联邦政府资金的存放依然维持着这一格局。

经过漫长的上千年的思考和积累,人们终于在第二次世界大战之后开始检讨自己对国库的理解,放宽了认识国库的视角,认识到它不仅联系着财政与金融,还联系着政府与市场,联系着千千万万个机构与个人,它不再是单纯的资金出纳与财物保管者,不再局限于简单地核算财政收支,而成为囊括账户、资金收付、债务、采购、库存现金等领域的政府财务、现金与宏观管理者,具体管理方式也由中央银行代理转变为以财政管理为主,还实现了与信息技术、货币市场之间的有机融合。在此理念的指导下,20世纪70年代末期,少数发达国家的国库管理以单一账户体系为基础,开始过渡到较为高级的国库现金管理阶段,并在随后的三十多年内不断发展与完善,日益发挥着重要的职能作用。

三、中国国库制度的现代化

20世纪90年代中后期,我国拉开了预算管理制度改革的帷幕。改进预算编制方法、提高预算执行水平、加强支出控制、提高资金效益,成为我国预算管理制度改革的主要方向。部门预算、国库集中收付制度、政府采购制度、"收支两条线"管理、政府收支分类科目设置、预算会计制度、"金财工程"建设等各项改革相继推开,并在诸多方面取得了显著成效。

2006年春,媒体披露了天津海事法院的程伟案件。程伟系天津海事法院一名普通的财务人员,在长达十年的时间里,挪用财政经费1000多万元,法院执行款9000多万元,累计金额上亿元。案发后,更是牵连出若干参与违法犯法的代理国库商业银行领导及职员,以及接受贿赂而徇私枉法的司法人员。其涉案金额之大,案件性质之恶劣,堪称1949年以来公检法司法系统内部经济犯罪第一案。① 程伟案件的发生,绝对不是偶然的,它表明我国政府预算及国库管理中存在的问题依然很多,加强管理与推进改革的任务仍很艰巨。

一是我国预算管理仍需深化改革。主要表现:预算编制时间短、视野窄、不细化,没有编制3～5年的滚动预算;预算收支中长期、短期预测机制尚在建立与完善之中;预算编制方法还存在一定缺点;预算编制程序尚需改进;预算执行中调整行为随意性大等。

二是财政资金管理方式面临着根本性变革。随着我国推行国库集中收付制度改革试点,财政资金由分散在各部门与预算单位在银行开设的账户中,逐渐集中于财政部门管理下的国库单一账户中。2001年5月,当时的财政部楼副部长即已指出:"大量资金留在国库,国库资金如何调度使用?""美国中央银行总账上的资金余额只有50亿美元,英国是2亿英镑。我们现在是几百亿元的钱都在各单位账户上'趴'着,大笔的钱都放在中央银行,现金管理没有跟上"②。近些年来,我国虽然进行了一系列改革试

---

① 《天津海事法院曝惊天大案,折射法院财政体制缺陷》,载于《财经》2006年第8期。

② 楼继伟:《树立国库管理的权威》,发表于《中国财经报》,2001年5月23日第1版。

点，但就全国范围而言，尚未形成根本性变革。

三是政府财务管理水平及风险防控能力亟待提高。政府财务管理中很少考虑资金的时间价值和现金的机会成本，资金闲置浪费现象严重；当国库资金不足时，通常发行中长期国债筹资，成本高且灵活性差，没有短期国债发行机制；各预算单位不重视财务管理，财政资金的安全性、规范性及有效性得不到充分保障，降低了政府财务管理的整体水平及其风险防控能力。

综上所述，我国财政部门已面临着如何管好、用好集中于国库单一账户中的资金，如何确保预算单位的及时用款，统筹考虑国库资金的运用与筹措，实现国库资金的安全性、规范性及有效性，降低政府借款成本等现实问题，而这些正是国库现金管理的重要内容。因此，开展国库现金管理，已成为我国完善预算编制、优化预算执行、推进财政制度改革、提高政府财务管理水平的客观需要。

2001年以来，我国财政理论界已开始组织力量对国库现金管理进行专题研究，先后提出"选择合适的方式管理和运作国库库底资金""对国库资金计息，并允许国库资金有条件的投资，获取回报""完善我国的短期国债发行管理"等政策建议。从实践角度看，2003年伊始，我国开始实行国库存款计息制度；2003年6月，财政部对第五期国债采取发行后推迟3个月缴款的做法；2004年8月，财政部首次以混合式招标方式提前兑付三期总量近900亿元的记账式国债；2006年5月，财政部与中国人民银行联合发布《中央国库现金管理暂行办法》。由此，国库现金管理由远及近，已经步入我们的视野与生活。

国外历史表明，国库现金管理的产生与发展是一个长期的历史过程，国库现金的管理与运作是一个涉及面广、关系复杂的系统工程。对我国而言，如何开展国库现金管理，是一个极具理论价值与现实意义的课题，更是一项非常艰巨的改革任务。基于此，笔者不揣浅陋，愿以此为题，在总结国外成功经验并结合我国实际的基础上，为我国开展国库现金管理提出系统的、可操作的理论设计与政策建议。扪心而问，就我而言，愿虽大，但力甚小，希望能抛砖引玉，为我国国库改革事业与社会经济发展贡献绵薄之力。

第一章 国库现金管理的产生与发展

国库现金管理是经济社会发展到一定阶段的必然产物。20世纪70年代以前，即便是最发达的国家——美国，在政府预算执行过程中，也没有人关注现金管理问题。那时，财政部门在预算执行中的任务主要有两个：一是保证公共资金流向相应的预算单位；二是控制预算拨款的速度。这样做的结果导致了一个严重的问题，即财政部门将重点放在公共资金是否按预算进行拨付的问题上，预算单位将重点放在本部门是否得到相应的预算资金以及如何继续"要钱"的问题上，而资金是否得到有效利用、预算目标是否得到有效执行等问题却被搁置一边。更严重的是，一旦出现资金缺口，为完成预算目标，往往通过借款的方式来解决，无形中扩大了政府的借债规模，增加了政府债务负担。从20世纪60年代末开始，现金管理的重要性首先被私有部门所认识，货币的时间价值与现金的机会成本等理念逐渐在企业财务管理中得到认可与应用，并逐步被政府财务管理者所关注、认可及采用，国库现金管理时代随之而被开启了。

一、现金管理的提出

（一）现金与现金管理的概念

何为现金（cash）？从不同的角度理解可得出不同的概念。从狭义角度看，现金特指随时可以支付的库存现金，一般就是资产负债表上"货币资金"项目的内容；从广义角度看，现金除库存现金以外，还包括可以随时用于支付的存款及其他各种现金等价物。其中，可以随时用于支付的存款指银行活期存款，可通过银行转账进行结算；现金等价物是指期限短、流动性强、价值变动风险小的有价证券，如3个月以内的定期存款等。任何一个组织为履行其职能，需要持有充足的现金或其资产能及时顺利地转换为现金，以满足该组织出于客观及正常的流动性偏好①，否则将会使其陷入危机或困境之中。

但是，现金本身是一种资源，它有成本，有价值，也有风险。现金的成本通常由以下四个部分组成：一是管理成本，即因持有一定数量的现金而发生的管理费用，如管理人员工资及必要的安全措施费，一般属于固定成本；二是机会成本，即因持有一定数量的现金而丧失的再投资收益，它与现金持有量的多少密切相关，现金持有量越大，机会成本越高，反之就越小；三是转换成本，即用现金购买有价证券以及转让有价证券换取现金时付出的交易费用，如委托买卖佣金、委托手续费、交割手续费等；四

---

① 企业或个人对现金的流动性需求一般出于四个动机：一是支付动机，满足企业或个人生产经营或正常业务交易而引起的对现金的需要；二是预防动机，为应付意外情况而需要保持的现金支付能力；三是投机动机，通过对未来一段时间的市场行情进行预测，用于某项业务投机，以获取收益；四是投资动机，为了抓住稍纵即逝的投资机会，以获取较大的利益。

是短缺成本，即在现金持有量不足而又无法及时通过有价证券变现等方式加以补充而由此造成的损失，包括直接损失和间接损失，它与现金持有量呈负相关关系。

现金的价值首先体现在可以满足企业正常的流动性偏好，其次体现在将现金存入银行则可获取一定的收益。在市场经济条件下，尤其是开放的市场经济条件下，持有现金也面临着一定的风险，比如在通货膨胀或汇率变动时现金则面临着贬值的风险。因此，任何组织都应管理好自己的现金，不应持有过多或过少的现金。所谓现金管理（cash management），即是指一个组织（如企业或政府）的财务部门通过现金和现金等价物之间的转换，使现金保持一个相对稳定的数额，既满足该组织正常的资金需要，同时又不丧失投资获利的可能性，还应避免现金短缺可能带来的损失。

（二）现金管理的价值基础

现金管理的提出及产生，是建立在一定的价值观念基础之上的。资金时间价值与投资风险价值，是进行现金管理必须树立的价值观念。无论是资金筹集、资金投放、收益分配，都必须考虑资金时间和投资风险价值问题。

一定量的货币资金在不同的时点上具有不同的价值。所谓资金时间价值（time value of money）是指资金在周转使用中由于时间因素而形成的差额价值。年初的1万元，运用以后，到年终其价值要高于1万元。例如，甲单位拟购买1台设备，采用现付方式，其价款为40万元；如延期至5年后付款，则价款为52万元。假设5年期存款年利率为10%，试问现付同延期付款比较，哪个有利？假定甲单位目前已筹集到40万元资金，暂不付款，存入银行，按照单利计算，5年后的本利和为60万元，同52万元比较，甲单位可得到8万元的利益。可见，延期付款比现付方式更为有利。这就说明,今年年初的40万元,5年以后价值就提高到60万元了。随着时间的推移,周转使用中的资金价值发生了增值。

但是,并不是所有的货币资金都有时间价值,"如果把它从流通中取出来,那它就凝固为贮藏货币,即使藏到世界末日,也不会增加分毫"[①]。因此,只有把货币资金投入生产实践活动才能产生时间价值,所以马克思认为:"作为资本的货币的流通本身就是目的,因为只是在这个不断更新的运动中才有价值的增殖"[②],即资金时间价值的来源于生产与流通。从现象上看,只有当货币资金流入、流出时才有可能计算时间价值。但在事实上,当货币资金用以购买固定资产以后,时间价值依然要发挥作用,因为固定资产的延误使用可能导致丧失一定的价值,而固定资产的有效利用可能带来更多的价值。可见,具有时间价值的,不仅是货币资金,而且还有物质形态的资金。在各个领域、各个环节流动中的资金都具有时间价值,这是资金运动的客观规律。

资金时间价值是衡量一个组织经济效益、产出绩效的重要依据,是一个组织进行投资、筹资、收益决策的重要前提条件。但任何一个组织机构的经济活动都是在风险和不确定的情况下进行的,离开了风险因素就无法正确评价资金时间价值的高低。投资风险价值原理,揭示了风险同收益之间的关系,它同资金时间价值原理一样,是现金管理的基本依据。从理论上讲,资金时间价值是在没有风险和通货膨胀下的投资收益率,而投资风险价值(risk value of investment)是指投资者由于冒着风险进行投资而获

---

① 《马克思恩格斯全集》第23卷,人民出版社1972年版,第173页。
② 同上,第173~174页。

得的超过资金时间价值的额外收益，也称投资风险收益或投资风险报酬。

在市场经济条件下进行投资决策，对所涉及的各个因素可能是已知的可确定的，但许多时候对未来情况并不明了，有时甚至连各种情况发生的可能性如何也不清楚。因此，根据对未来情况的掌握程度，投资决策可分为确定性投资决策、风险性投资决策与不确定性投资决策。所谓确定性投资是事先可以确定没有风险和不确定的问题；所谓风险性投资是事先概率为已知的投资决策；所谓不确定性投资是获利与亏损的可能性各有多少事先很难预料的投资。

风险意味着有可能出现与人们取得收益的愿望相背离的结果。但风险不同于危险，危险只可能出现坏的结果，而风险则是指既可能出现坏的结果，也可能出现好的结果。毋庸置疑，风险是客观存在的。投资者都讨厌风险，不愿遭受损失，为什么又要进行风险性投资呢？这是因为有可能获得额外的收益，即风险收益。人们总想冒较小的风险而获得较多的收益，至少要使所得的收益与所冒的风险相当，这是投资风险价值原理的基本要点。因此，进行投资决策时必须考虑各种风险因素，预测风险对投资收益的影响程度，以判断投资项目的可行性。

（三）现金管理在企业财务管理中的应用

从历史上看，现金管理理念首先在企业财务管理中得到认可与应用。从本源上看，现金管理是财务管理的一个组成部分。对企业而言，现金管理的核心要求是企业的财务管理者基于对收益与风险之间的权衡，确定其必须保有的最佳现金持有量，并通过编制现金收支计划以及现金的日常管理，以加快资金流入与流出、以较低成本方便及时地筹措企业所需的资金、将闲置现金用于短期投资以获取利息收入或资本利得，最终实现现金的安全性、流动性与盈利性之间的有机统一。

一般来说，流动性强的资产，其收益率较低。这意味着企业应尽可能少地持有现金，即使不将其投入本企业的经营周转，也应尽可能多地投资于能产生收益的其他短期资产，避免闲置或过多地低效益利用而带来的损失。这样，企业总是面临现金不足或现金过量两个方面的威胁。只有合理对企业现金进行预测，在安全性、流动性和盈利性之间做出选择，才能获取最大的收益。

基于支付、预防、投资等动机的需要，企业必须保持一定数量的现金余额，而现金管理的关键点则是通过对收益和风险进行权衡，确定最佳现金持有量。在现金管理中，编制现金收支计划是一项基础性工作。此外，还必须进行现金的日常控制，主要包括按照国家规定的现金管理原则对库存现金进行管理、对结算户存款、单位定期存款进行管理与应用、加速现金收款、合理合法地延缓现金支出时间、闲置现金投资管理等。

当前，现金管理在各类企业财务管理中得到普及与开展，随着企业的集团化、国际化和许多较复杂的金融工具（如互换、期权等）的引入，现金管理呈现出从分散趋于集中的发展趋势[①]，并与财务管理其他领域更加紧密地结合在一起，包括筹资管理、外汇风险管理、利率风险管理和税收筹划等都构成了现金管理的重要职能。

---

① 在英国，对集团公司而言，现金管理职能被集中起来之后，现金管理的职责需要在总部的财务中心与各分公司财务部门之间进行分配。通常各分公司财务部门负责不超过一周的、最多为25万美元的短期小额现金盈余投资，长期和大额的现金余额交由集团财务中心处理。这样做具有三个优点：一是从整个集团的角度来说，可优化借款比例而使利息成本更低；二是集团中的一个部门的盈余现金可调配到现金短缺的其他部门，从而避免外部筹资；三是盈余现金可以被集中起来进行大规模的投资，以获取更高的收益率。

二、国库现金管理的兴起

（一）现代国库的产生

顾名思义，国库现金管理是财政部以国库资金为对象开展的管理活动。为深入了解国库现金管理，需首先认识与了解国库与国库管理。要了解国库，首先应该明白为什么设立国库？简单地说，这是因为在年度预算执行中，各企业、单位要向财政上缴税金和利润，各预算单位的生产建设资金和行政事业经费需要由财政拨付，这就要求必须有一个国家财政的出纳机关，具体办理各项收入与支出，这就是国库，也是传统意义上的国库。

国库要随时办理各项预算缴款、用款单位的资金收纳和支拨，按照预算管理体制的规定在各级预算之间进行划分、分成和报解，以及每日向各级财政机关报告各项收支完成进度的情况、财政库存情况等。其中，收纳是财政资金收缴全过程的终点，而拨付是财政资金使用全过程的开端。因此，国库是财政收支链条上的必经一环。

在自然经济、计划经济时代，经济关系相对简单、政府职能单一，相应的国库管理职能也较为单纯。然而，随着市场经济的发展与完善，经济关系日趋复杂，政府职能得到了前所未有的深化与拓展，国库职能也必然随之得以扩展，这样就出现了现代意义上的国库。现代国库的主要特点，集中体现在国库的角色、职能、管理方式发生了重大变化。

首先，国库从单纯的资金出纳与保管者演变成为政府财务、现金与宏观管理者；其次，国库管理的范围也由单纯核算财政收支扩展到包括账户管理、资金收缴、资金拨付、债务管理、采购管理、现金管理等全方位的管理；再其次，国库的具体管理方式由"财政委托中央银行代理"① 转变为"以财政管理为主、中央银行协管为辅"② 的方式；最后，国库管理还实现了与先进的信息技术、完善的货币市场之间的有机融合。也正是在现代国库的管理框架下，国库现金管理才得以发生、发展起来。传统国库与现代国库的区别与联系，详见图1-1的分析。

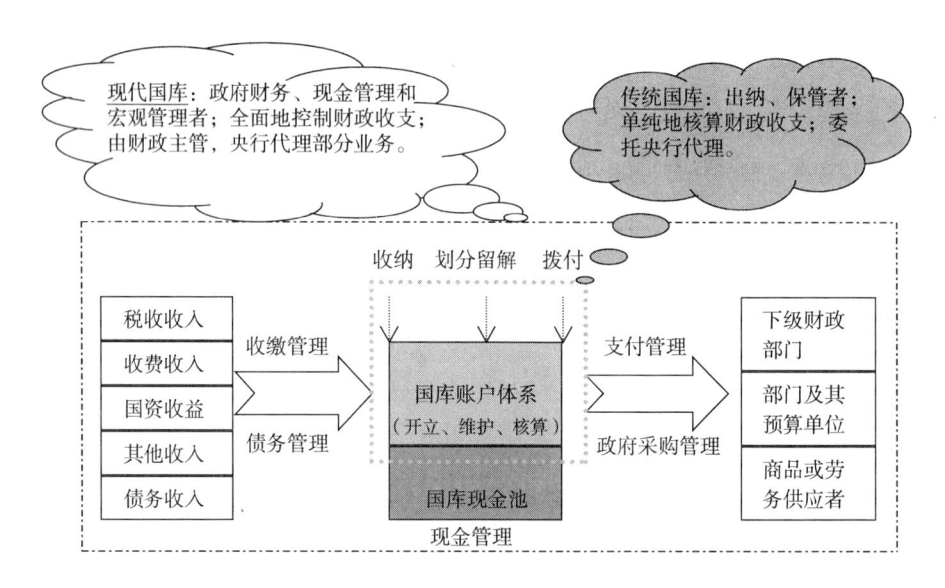

图1-1 传统国库与现代国库的区别与联系

① 长期以来，我国与世界上大多数国家一样，实行委托代理国库制度。这是因为传统国库管理框架下，委托中央银行或商业银行代理国库业务具有四大优越性：一是银行机构遍及全国城乡，便于预算收入的及时入库、缴纳单位和个人纳税的上缴、用款单位存取款项；二是通过银行划分、上解、下拨各项资金，迅速灵活，又便于审查监督；三是财政资金存放在中央银行体系中，有利于货币政策管理；四是不需要另设一套独立的国家金库系统，节省人力、物力和财力，有利于精简机构。

② 从理论上讲，国库是国家的金库，其管理者当然是各级政府，而各级财政则具体管理国库。在国库管理方式上，可以采用委托代理，也可以实行以财政管理为主、以央行管理为辅的方式。诸如资金收纳、拨付、划解、保管等业务，财政可以委托中央银行代理；而收缴管理、支付管理、采购管理、债务管理、现金管理等业务，都是财政管理的重要内容，财政部门需要具体负责来，不适合中央银行代理，但需要中央银行的密切配合，正如同货币政策的实施需要财政的密切配合一样。

因此可以说，国库现金管理是现代国库管理的重要内容之一，现代国库管理制度为国库现金管理提供了操作框架。国库现金管理中，需要正确处理财政、税务、海关、央行、预算单位、商业银行等方面的关系，明确划分各自的责任、权利和义务，也相应地要求建立完善的国库管理制度或体制。

（二）美国国库现金管理的兴起

20世纪70年代，美国联邦政府各机构在管理与使用政府资金时，还没有认识到货币的时间价值，因此使用余额超过100万美元的无息支票账户的情况十分普遍。作为回报，金融机构为其提供免费服务。州与地方政府比联邦政府的情况稍微好些，但也有15%~40%的财政资金存放在无息账户或活期存款账户中。①20世纪70年代中后期，企业现金管理对政府预算管理产生了一定影响，美国联邦政府开始编制"新绩效预算"或"企业型预算"。

1981年，一个私人部门对政府成本控制的调查报告显示：联邦政府如果能像企业那样管理它们的现金，将会节省一大笔资金。里根总统对这份调查报告迅速做出反应，指出联邦政府要学习企业现金管理的做法来管理联邦政府现金，并提出了《管理促进计划》（Management Improvement Program），开始改进、整合和修订政府财务管理制度。

88改革（Reform'88），是美国总统的"管理促进计划"的一部分，在1981~1982年作为一项综合性计划开始实施，其目的在于至少应在1988年之前要全面提高政府现金管理的水平。因此，该计划要求每一联邦机构都要监控自己的现金流，选择最

---

① 约翰·L·米克塞尔著：《公共财政管理：分析与应用》（第六版），中国人民大学出版社2005年版，第586页。

佳的工具提高资金缴入国库的速度，及时地将应付资金支付给商品供应商和劳务提供者以及其他的应付对象。

事实上，在1982年之前，美国政府资金支付行为中30%属于拖延支付行为，45%属于提前支付行为，结果导致不必要的拖延费用开支和利息损失。[①] 因此，国会在1982年通过了《支付促进法案》（Prompt Payment Act of 1982）。该法案规定联邦机构需及时地支付应付资金，拖延支付应加付相应的利息，提前支付应按折扣率减付一定金额的资金。同时，法案还提供了提前支付时的折扣计算公式。在1988年又通过了《支付促进法案》修正案。

在制定了促进与完善联邦政府资金支付管理的必要法律和制度后，联邦政府开始将注意力转向资金收缴。国会于1984年通过了《消减赤字法案》（Deficit Reduction Act of 1984），收缴和存款条款（collection and deposit legislation）是该法案的一部分，规定了资金收缴和存款管理制度，授权财政部负责资金收缴和存款管理，要求联邦机构按照国库管理的有关规定使用电子转账方式、锁箱法、自动退款机制，要求财政部财务管理局（Finance Management Service）定期检查各联邦机构的现金管理活动，包括收缴和存款、支付、财产盘查、预付款以及没有纳入国库的现金，并为各联邦机构提供提高管理水平的建议和计划。

1990年，国会通过了《现金管理促进法案》（Cash Management Improvement Act），《财务主管法案》（the Financial Officers Act）。出台这两个法案的目的，主要是为了完善联邦政府和各州政府之间的转移支付、提高联邦财务管理水平、强化财务管理受托责任和控制，通过缩短资金划转时间确保管理效率、及时地满足各联邦机构的资金需要。

---

① FMS & Treasury of U.S: *Cash Management Made Easy*, April 2002, p6.

1993年，克林顿总统宣布对联邦政府实行为期6个月的财务检查，来发现并确证问题，设计相应的解决方案或为联邦政府提供节约资金的新思路，最后公布了《全国执行情况检查报告》（The National Performance Review），提出联邦政府必须寻找更好、更有效的方式为其政府项目和活动支付资金。

1996年4月26日，国会通过了《债务收缴改良法案》（Debt Collection Improvement Act），主要是要求推进电子化资金划转项目（EFT）。除极个别情况外，各联邦机构必须通过电子化资金划转方式实现支付，以达到消减成本、消除纸质文件与票据、加速资金流转、加强内部控制、科学预测现金流动等目的。

法律授权财政部制定和执行以上法案的设施细则。作为政府财政管理的首席官员，财政部部长代表政府收缴和保管资金，借入适当数量的资金满足支出需要，可以规定政府债券的发行期限与条件。但国会负责制定公开发行联邦债券的数量限制。突破这一限额，需要得到国会的批准。

经过二十多年的实践，美国国库现金管理形成了以下格局：总统预算管理办公室负责将国会审批后的预算金额分配给各联邦机构；财政部为所有联邦政府资金提供了一个统一基金池，即单一账户，负责保管所有政府资金（极少数情况除外）与国库现金管理工作；纽约联邦储备银行具体代理相关业务；联邦政府机构拥有资金使用权、财务管理权，在得到财政部授权之后，可以支付资金。

目前，美国财政部认为，国库现金管理是合理使用政府资金资源，以最佳的方式利用国库现金和易变现资源，优化政府财务状况，提高资金使用效益的一系列管理活动。其职能主要有三方面：一是消除国库中闲置的现金余额，该余额可用来回购优质债券或者用于投资来获取收益；二是快速收缴应收资金，政府应收资金应该立即转变为现金并尽快存入国库账户中；三是准确及时地实现支付。

(三) 美国开展国库现金管理的背景剖析

20世纪80年代以来，美国开始开展并不断改进国库现金管理，有其深刻的政治、经济、文化、科技背景。

第一，为消减赤字、控制债务规模，国会和政府采取了降低发行债务限额、控制财政收支、降低政府行政成本等多种措施。20世纪70年代，美国经济受到石油危机和通货膨胀的影响，联邦债务占GDP的比例在70年代中期开始转为上升。80年代初，里根执政后采取以债务支撑的减税增支政策，尽管促进了经济发展，一定程度上增加了税收收入，却也导致财政赤字扶摇直上，联邦债务余额占GDP的比率由1980年的27.2%上升到1989年的42.7%和1993年的51.9%，形成80年代偿债高峰。开展国库现金管理可以增收减支，是其中的重要举措之一。

第二，企业先进管理理念与做法引入政府预算管理。20世纪80年代，以市场为基础的公共管理及企业化政府等新理论在世界范围内兴起。该理论认为，在政府管理中引进市场化机制和私营部门管理模式，可以提高政府效率。美国在开展现金管理伊始，就提出向企业现金管理学习，恰恰是这种管理新理论的应用和反映。

第三，全球经济一体化趋势加速发展，对各国政府提出加强管理效率的要求。20世纪80年代以来，经济一体化的发展给世界各国提供了发展机遇，也使各个国家面临世界范围内的竞争，各国政府只有加强管理、提高效率，才能在经济一体化浪潮中获得优势、避免和减少损失。显然，美国也不例外。

第四，放松金融管制与创新金融服务，为国库现金管理创造条件。20世纪70年代后，美国联邦政府放松了金融管制，金融服务和投资工具也得到很大改善。同时，美国联邦政府及其公共组织开始认可货币的时间价值和现金的机会成本，逐渐意识到可以从货币的时间价值中获取收益，并且意识到政府自己进行投资更好些。这时，联邦政府决定开展国库现金管理也就不足为奇了。

第五，计算机、通讯和网络技术迅猛发展，深刻影响并改变着政府管理的内容、方式和方法，使财政资金集中管理成为可能。20世纪中叶以来，现代化的政府财政管理信息系统（GF-MIS）的普遍建立，为管理国库单一账户、实现资金支付快速划转和国库现金管理操作提供了技术支撑。另外，信息技术的发展，尤其是互联网的出现和发展，推动了政府财政管理向自动化、电子化、集中化趋势发展。二十多年来，美国在国库现金管理上取得的任何重大进步，都和发达的信息技术支持分不开的。

（四）国库现金管理的成效及其在世界范围内的发展

美国开展国库现金管理是政治、经济、文化、科技、管理等各方面因素共同作用的必然结果，其直接目的在于节约资金、获取收益，改善政府财务状况。二十多年来，仅利息一项就为联邦政府节约了数十亿美元[①]。国库现金管理涉及资金支付、收缴、债务管理、投资管理等内容，与预算收支两方面的实施都有关系，是预算管理中预算执行阶段的重要内容，在政府管理中具有重要作用。美国国库现金管理以学习企业现金管理经验为出发点，坚持市场化、法制化、科学化、信息化的发展方向，构建了较为完备的法律体系、职能框架、技术支撑、组织管理体系。可

---

① 在美国，国库现金管理也出现过严重亏损，甚至财政破产，如加州的桔县（Orange County），因此，目前美国的国库现金管理越来越倾向于安全性原则，更加强调风险管理。

以预见，美国国库现金管理还将继续深入开展下去。

从更深层次上看，是市场经济的发展促生了先进的管理理念、推进了科学技术进步、丰富与完善了金融市场、扩大了政府的职能范围、改变了国库的传统角色，在这些合力的共同作用下最终产生了国库现金管理。与美国相类似，澳大利亚从1980年开始改革完善国库管理，1999年在财政部成立了财务管理办公室（AOFM），专门负责债务和现金管理的操作职能。瑞典于1994年为摆脱公共财政状况的不良局面，加强了对国债、国库资金的管理。英国于1998年成立债务管理办公室（DMO），负责债务和现金管理中的操作性决策和日常管理，2000年开始完全承担国库现金管理职能。二十多年来，发达国家在国库管理中凝聚了先进理念、技术与市场等方面要素，以政府、市场之间的合理分工为基点，借助国内外金融市场，并充分利用先进的信息技术，在公共财政管理框架内展开国库现金管理的日常操作，构成了财政管理现代化、高级化的重要标志。

三、中国国库现金管理的试点与开展

（一）国库集中收付制度改革的推行与成效

在广泛借鉴国际先进经验的基础上，结合中国具体国情，从2001年开始推行以国库单一账户体系为基础、资金缴拨以国库集中收付为主要形式的财政国库管理制度改革。这一改革的主要内容有三项：一是建立科学、可控、集中的国库单一账户体系，改革传统模式下账户分散设置、管理薄弱、监督不力的弊端；二是改革资金收缴方式，采取直接缴库和集中汇缴方式，将税收收入和非税收入直接缴入国库单一账户或财政专户，改革传统方式下收入透明度低、收入退库不规范、收缴信息滞后等弊端；三是改革资金支付方式，实行财政直接支付和财政授权支付方式，通过国库单一账户体系将资金直接支付给收款人，改革传统以拨作支、层层转拨的资金拨付方式，提高资金的安全性、规范性与有效性。

十多年来，我国国库集中收付制度改革取得了重大进展。目前，中央各部门和地方36个省、市、自治区、计划单列市本级，以及绝大多数地、市、县等基层预算单位普遍实施了国库集中收付改革，基本形成了过去无法实现的事前、事中和事后相结合的监控机制，预算执行信息的完整性、准确性、及时性大幅度提高，财政资金运行效率和效益得到有效提升，为我国现代国库管理制度的建立奠定了基础。具体看，包括以下几方面。

1. 促进了预算编制改革，强化了预算约束。国库集中收付改革后，一方面，能够及时发现预算执行中的一些问题，并反馈到预算编制环节，促使预算编制工作更加科学规范；另一方面，国库集中支付是严格按照预算来执行的，无预算或超预算、无计划或不按预算用途使用的资金不予支付，维护了预算的严肃性，强化了预算约束力。

2. 方便了预算单位用款，提高了财政资金运行效率。在传统体制下，由于拨款层次多，挪用、截留问题屡禁不止，用款时间相对较长。实行国库集中支付后，财政资金纳入国库单一账户体系，预算单位可根据实际用款情况随时提出申请，但资金必须到使用时方从国库单一账户体系中划出，减少了资金运行环节，加上财政部门强化了服务意识，实行了工作"提速"，更加方便预算单位使用财政资金。由此，在资金需求方、资金供给方与资金监督方之间塑造起良好的资金管理秩序，使财政资金的安全性、规范性与有效性得到可靠保障。

3. 提高了财政资金使用透明度，有利于加强对财政资金的监督。原来的财政资金使用是按照有关程序审批后，拨付到预算单位实有账户,由预算单位自行安排,资金封闭运行,透明度差,难以实施有效监督和管理。通过国库集中收付制度改革,形成了"管钱的不拨钱、拨钱的不花钱、花钱的不见钱"的资金管理模式,现金流原则上不再通过单位,银行账户也不再多头分散,预算资金从离开国库到实际支付,整个过程都在财政的直接监督控制之下,财政给单位多少钱、什么钱,支出单位用在何处、花了多少、剩余多少,都一目了然,由过去事后监督变为事前预防和事中控制,能够有效避免违规违纪问题的发生,从源头上为预防治理腐败提供了制度和机制保障。

4. 聚集了沉淀资金,有利于增强政府的调控能力。改革以前的管理模式,极易造成财政资金的闲置、沉淀,甚至出现体外循环等违规问题。这种状况严重弱化了政府的宏观调控职能,也影响了公共财政的建设进程,极不利于最大限度地发挥财政资金使用效益。实行国库集中收付制度后,预算单位的暂时闲置资金开始集中于单一账户,便于政府统筹安排和调度库款,大大增强了政府的调控能力。

5. 规范了单位核算,有利于提高预算单位的会计信息质量和财务管理能力。实行国库集中支付,预算单位必须按照预算和工作计划,认真编报分月用款计划,资金使用的计划性、科学性和规范性得到加强。此外,实行国库集中收付制度还可以有效遏制一些预算单位固定资产不入账,账实不符或个别单位私下将国有资产出租、转让,收入搞账外账,账务游离在会计监督之外或将其占为己有等行为发生。同时,由于会计人员在具体操作过程中,一方面要严格执行国家各项财务制度和国库集中收付的统一规定与要求;另一方面又受到严格的监督考核制度制约,使会计人员的责任心和使命感增强,会计基础工作得到规范,保证了会计信息合法、真实、准确、及时、完整,有利于提高预算单位的会计信息质量和财务管理能力。

6. 实行"收支两条线",强化了非税收收入资金管理。通过实行国库集中收付制度,对政府非税收收入严格执行"收支两条线"的规定,规范非税收收入资金在商业银行的账户开设,有效地促进政府非税收收入管理的制度化、规范化、程序化。

国库集中收付制度,是一种先进的、规范的财政资金管理制度,客观上需要与之相匹配科学健全的预算管理制度、金融体系及规范的政府运作机制。在我国,这项制度作为财政预算执行制度的根本性改革,也是从源头上防治腐败的"阳光财政"的重要举措,打破了传统的资金运行方式,这就决定了在推进这项改革的过程中,必然会遇到或存在一些困难或问题,需要我们继续深入推行下去,直至建立起健全的国库账户、收缴与支付制度体系。

(二) 从国库集中收付走向国库现金管理

国库集中收付制度改革的直接结果是从根本上改变了财政资金管理方式,财政资金由分散在各部门账户逐渐集中到财政管理下的国库单一账户中。在2001年改革试点之初,中央6个试点部门年底结余预算资金58亿元;安徽省16个试点部门年底结余预算资金1亿元;四川省14个试点部门年底结余预算资金9193万元。[①] 从更宽的时间区间看,据1997～2005年全国财政在中央银行的季度末存款余额的统计数据,虽然我国国库存款余额整体上呈不断增长的态势,但在1997～2000年国库存款余额保持着缓慢、平稳地增长,而在国库集中收付制度改革开始之后的6年间,国库存款余额增长迅速。比如,2005年3月的国库存款余额相当于2003年3月的1.72倍;相当于2000年3月的

---

① 肖捷在2002年全国财政国库工作会议上的讲话(2002年4月)。

3.34倍；相当于1997年3月的5.39倍。① 而且，国库月终存款余额规模大、波动幅度大②，动辄就是几千亿的水平。时至今日，我国国库存款月终余额进一步提升，达到3万亿~4万亿元的规模水平。

伴随着我国快速强劲的经济增长及国库集中收付制度等支出改革的全面推进，地方财政收入在实现大幅增长的同时，国库现金盈余成为国库账户中资金运行的常态，且在以较快的速度继续向上攀升。从地方政府角度看，即使在经济比较落后的西部省份，其国库现金月终余额的最低值也要几十亿元，而有些东部发达省份的国库现金月终余额则高达上千亿元，东部地区的某些县市级政府的国库现金月终余额也已高达几十亿元。如何管理与运作好这部分国库现金，已成为各级政府普遍关注的一个重大课题。

事实上，任何一个国家的国库现金都处于不断波动运行之中。但是，我国国库现金的当前情况却呈现出三个典型特征，不能不引起重视。首先，国库现金在较高规模上波动，这意味着国库现金的闲置与资金效益的缺失；其次，国库现金集中存放在中央银行，其非常规波动，特别是大进大出，必然增加中央银行调节基础货币与实施货币政策的难度，这意味着财政、央行工作协调的频率增加与资金管理机制上的有待完善；最后，国库现金来源中的负债性比重不断上升，比如，2003年中央债务余额占中央

---

① 据中国人民银行统计数据，2003年全国财政在央行国库的月终最大存款为6601.61亿元；2004年增至9902.89亿元；2005年则高达10665.78亿元。

② 在2000年1月至2003年12月，全国财政在央行国库最小月终存款余额为2000年2月的1743.9亿元；最大月终存款余额为2003年11月的6601.61亿元；邻月最大波幅为1953.53亿元，年度内最大波幅高达2865.04亿元。2004年以来，这些指标又有了一定程度的提高。

财政总支出的比重是1998年的1.14倍,是1995年的1.65倍,①这意味着国库现金运转成本的增加。

从现实角度看,国库现金在高规模水平上波动不可避免地产生一些弊端或不良后果。第一,不能充分发挥国库集中收付制度改革带来的财政资金头寸集中管理的规模效应。第二,从收益方面分析,尽管中央银行向国库存款支付活期存款利息,但同时被其少缴利润抵消,因此谈不上有什么收益。更甚者,保持较高的存款余额而不减少债券发行量,只会增加债务余额和利息支出。第三,不利于货币市场稳定和中央银行执行货币政策。大量国库现金闲置在中央银行账户上,会相应减少基础货币和货币供应量,促使货币市场利率升高,相应增加了中央银行执行货币政策操作的复杂性和难度,客观上迫使中央银行投放相应数量的基础货币抵消这种效应。

展望未来,我国国库现金调度与使用面临的问题与挑战还将进一步凸显。做出这一判断主要基于以下几个理由:第一,国库集中收付制度改革的全面推进,无疑将进一步增大我国国库现金的来源。在预算管理的技术水平维持现状的情况下,我国国库现金的绝对规模及其波动性也将随之升高。第二,政府预算管理的规范与完善,将长期游离于国库管理之外的大部分预算外资金纳入预算内管理,显著增加了国库现金的来源。如不能合理匹配财政资金进出国库的时间、规模,我国国库现金的绝对规模及其波动性还将随之进一步升高。第三,短期内,我们依然难以依据国库现金流入、流出的波峰与波谷分布,做到定期、均衡地发行短

---

① 2004年以来,这一指标虽然有所下降,但不足以从根本上改变这一局面。2006年9月7日,审计署公布2005年42个部门预算执行审计结果,其中发现:至2005年年底,发展改革委员会共有国债资金234.54亿元没有安排下达或投入使用,占当年可安排国债投资的20.1%。

期国债，有效安排政府债券期限结构与兑付日期，将不利于降低国库现金的绝对规模及其波动性。第四，我国已成为一个全面开放的经济体，较为容易、直接地受到各种外部冲击，诸如国际金融局势变化、突发性经济或社会事件等所带来的影响，必然会在国库现金管理上起到推波助澜的作用。

与国库现金管理的客观需求相比，相关国库管理制度供给却相对滞后。在推行国库集中收付制度之前，财政资金分散在各部门账户上，由各部门自主支配。由于缺乏先进的理财理念，各部门没有开展现金管理的动力与压力，只是把关注的焦点放在了资金分配上。加之长期以来我国财政收支矛盾比较突出，实际并没有多余的资金放在人民银行的国库账户里。因此，一直没有建立起科学、合理的国库现金管理制度。我国国库现金管理问题的产生是2001年以后的新事物，是国库集中收付制度改革的直接结果，是未来一段时期财政制度改革的重要内容。总之，我国宜尽早关注、逐步建立并不断完善适合我国国情的国库现金管理制度或体系，以求达到标本兼治之效。

（三）在改革中逐步完善我国国库现金管理制度

推行国库集中收付制度改革以来，我国一直对国库现金管理进行有益的探索与尝试。2002年发布了国库存款计息有关办法，规定从2003年1月1日起，国库存款按人民银行规定的单位活期存款利率计付利息，使我国的国库现金管理向前迈出了实质性的第一步。这一做法改变了我国长期实行的"财政存款无息、银行服务免费"的传统制度，开始按照市场经济运行原则，推行"财政存款计息、银行服务收费"的新制度，有利于合理划分财政、中央银行、代理商业银行之间的责、权、利，符合加强支出控制、提高资金效益的原则，从根本上解决了国库资金的时间价值和生息机制问题，规范了财政存款生息的方式方法，适应了市场经济对财政制度提出的改革要求。

2003年6月,财政部对第五期国债采取发行后推迟3个月缴款的做法,避免了国库库款的大幅波动;2004年8月,财政部根据国库现金余额大量闲置的情况,首次以混合式招标方式提前兑付三期总量近101亿元的记账式国债,减少了国库资金的闲置和国债利息支出。从国库资金放在人民银行无息存款,到单位活期存款利率计付利息,再到国债发行延迟缴款和提前兑付年内到期国债,为我国规范开展国库现金管理提供了宝贵的经验。

2006年5月,财政部与中国人民银行联合印发了《中央国库现金管理暂行办法》(财库〔2006〕37号),其中规定以商业银行定期存款、买回国债、国债回购和逆回购等方式,对财政部在中央总金库的活期存款进行管理与运作,在确保中央财政国库支付需要前提下实现国库现金余额最小化和投资收益最大化。同时,也明确规定在国库现金管理初期,主要实施商业银行定期存款和买回国债两种操作方式。这一办法的出台,标志着经过酝酿多年的国库现金管理正式进入实质性的操作阶段。这意味着我国在确保国库支付需要和国库现金安全的前提下,按照从易到难的原则,稳妥有序地开展国库现金管理工作。

2006年8月,财政部实施了首次中央国库现金管理买回国债操作,共买回年内到期的3期记账式国债186亿元,扣除人民银行活期存款利息收入后净减少国债利息支出4200多万元。2006年12月,实施了3个月期限、200亿元的中央国库现金管理商业银行定期存款操作,招标利率为2.7%,实际净收益接近1亿元。另外,为加强国债管理和国库现金管理的密切配合,根据实行国债余额管理和国库库款余额较高的情况,在全国人大规定的国债余额限额内,2006年主动减少国债发行325亿元,按目前1年期国债约2%的利率水平计算，净减少国债利息支出4.2亿元。① 可以预见，随着国库现金管理改革步伐的加大，国库现金管理收益也会相应增加。

  然而，我们绝对不能简单地、主观地认为国库现金管理制度已经在我国建立起来了。无论是以发达国家的通行做法为参照系，还是以国库现金管理的理论设计为标准，我国国库现金管理才刚刚起步，距离建立科学健全的、覆盖全国的国库现金管理体系还有相当长的一段距离。比如，需要在现行法律法规修订和完善的基础上，尽快制定国库现金管理条例，改变目前我国国库现金管理的开展主要以国务院批示和部门规章为依据的局面，确立国库现金管理的法律地位；再如，完善国库现金流量预测基础数据库，加强库款变动趋势研究与分析，建立财政收支预测体系，尝试按季分周、按周逐日滚动预测国库现金流量，进一步提高国库现金流量预测的准确性；还有，在总结商业银行定期存款和买回国债操作经验的基础上，逐步研究实施国债回购、逆回购等其他国库现金管理操作方式，不断提高国库现金管理的市场化运作水平和收益。诸如此类的改革任务，不一而足，都需要较长一段时期才能将我国国库现金管理建成科学规范、高效透明、运行流畅、具有中国特色的现代化的管理制度体系。

---

  ① 詹静涛：《现代国库管理制度：管理型公共财政的正确选择》，载于《财政研究》2007年第3期。

第二章 国库现金管理的原理与应用

一、国库现金管理的内涵与本质

国库现金管理，在一些发达国家又称为政府现金管理，除少量的预算外资金以外，其他财政资金都是以预算的形式纳入国库管理。因此，国库现金管理可以成为政府现金管理的代名词。从理论上讲，政府现金管理范畴毕竟是不同于国库现金管理的，它包含国库现金管理，还包括部门与预算单位的现金管理。在我国，由于还有一定规模的财政资金尚未纳入预算管理与国库体系，因此国库现金管理与政府现金管理存在着重大的差异。什么是国库现金管理？是我们需要回答的第一个基本问题。

（一）国外对国库现金管理的定义

美国路易思安纳州立大学托马斯·D·林奇（Thomas D Lynch）教授认为，政府并未在同一时刻收取和支出资金，其间存在时间差。当应付金额超过可得现金，出现现金流困难；反之，则出现资金闲置。现金管理就是要决定现金的最佳状况，使在支付工资或偿付债务时能够及时获得现金，并将多余现金投资出去，在需要时又可收回。①

亚洲开发银行萨尔瓦托雷·斯基亚沃·坎波（Salvatore Schiavo-Campo）和丹尼尔·托马西（Daniel Tommasi）认为，政府既要确保预算能够得到有效实施，又需要确保财政资金得到有效管理，支出机构必须及时获取实施其预算所需的资金，政府借款成本必须降至最低限度，还需对金融资产和负债进行有效管理。现金管理是预算执行阶段的重要内容，其目的在于控制支出总额，有效实施预算，使政府借款成本最小化、使政府储蓄和投资的回报最大化。②

美国公共管理专家B.J.理德与J.W.斯韦恩认为，现金管理是指通过调控政府现金流入和流出来优化其财务状况，是预算执行阶段的重要内容，与预算收支两方面的实施都有关系，管理者通过预测和调整现金流，从而使公共组织获得收益，比如，及时将收入送缴国库、及时支付和获取投资最大收益等。③

国际货币基金组织财政经济专家巴里·H·波特（Barry H Potter）与戴蒙德（Jack Diamond）认为，现金管理是政府支出管理的有机组成部分。政府开展现金管理的必要性在于：控制现金支出在预算之内；阻止计划外借债，避免破坏货币政策；帮助确认年内预算调整行为。预算在年度内调整，意味着成本增加。即使不突破年度内借债的限制总量，短期内大幅度超计划支出可能

---

① 托马斯·D·林奇：《美国公共预算》（第四版），中国财政经济出版社2002年版，第200页。
② 亚洲开发银行著，张通译：《公共支出管理》，中国财政经济出版社2000年版，第163页。
③ B.J.理德 和J.W.斯韦恩：《公共财政管理》，中国财政经济出版社2001年版，第17、183页。

导致借债高峰，且有可能破坏货币政策的效果。[①]

美国财政部认为，国库现金管理是指合理使用政府资金资源，以最佳的方式利用国库现金和易变现资源，优化政府财务状况，提高资金使用效益的管理活动，其职能主要有三方面：一是消除闲置的现金余额，国库现金余额可以用来回购优质债券或者用于投资而获取收益；二是及时存入应收资金，政府应收资金应该立即转变为现金并尽快存入国库账户中；三是准确及时实现支付。[②]

英国财政部认为，国库现金管理主要是指通过发行短期国债和每日市场运作来熨平国库现金流，借以实现政府借债成本最小化。国库现金管理操作不以利润为目标，不利用自己的优势影响利率，具体目标表现在两方面：一是每个工作日通过市场操作补偿进出国民贷款基金的现金流，实现政府长期融资成本最小化或货币市场贷款收益最大化；二是以低成本、高效率的方式实现信用风险管理，防范债务风险并避免与货币政策相冲突。[③]

综上所述，国外财政理论界、财政部门对国库现金管理并没有完全统一的定义，在国库现金管理目标、职能、内容理解上存在一些差异。但不可否认，已经形成了较为一致的共识，即国库现金管理是通过合理使用政府资金资源，以最佳的方式利用国库现金与易变现资源，优化政府财务状况，提高预算执行系统效率的管理活动。

(二) 国内对国库现金管理的研究

2000 年，我国财政部已开始组织力量对国债发行以及国库现

[①] Barry H Potter and Jack Diamond：Guidelines for public expenditure management，www.imf.org.

[②] FMS of USA：Cash management made easy guidebook，April 2002.

[③] DMO of UK：Exchequer Cash Management：A DMO Handbook，February 2002.

金管理问题进行专题研究，结合中国国库现金管理现状、参考国外成功的经验，探讨国债发行管理与国库现金调度的协配方式，对暂时闲置的国库资金采取适当方法进行运作。财政部认为，在我国开展国库现金管理，有助于减少国库闲置资金、提高财政资金使用效率。

张通于 2001 年提出，财政政策的有效实施应该兼顾到国库资金的运作，使国库资金余额得到有效的利用，并且认为当前的国库现金管理应该是银行付息和收费的结合，以后再根据具体情况决定是存放商业银行还是在货币市场上进行短期投资。①

财政部科研所课题组于 2002 年初提出，国库收支不均衡造成国库资金余额波动幅度较大，既不利于财政降低国库资金管理成本，也不利于中央银行进行货币调控，借鉴市场经济国家国库管理和"库底"资金运作的一些有效方式与方法，改革我国国库管理制度，选择合适的方式管理和运作国库资金。②

财政部韦士歌博士的研究侧重于国库现金管理与国债管理的关系，他认为国库现金管理的核心是短期债务管理，其目标：一是确保政府资金需要；二是以尽可能低的成本筹集资金；三是使债务风险处于可接受的范围内。而目前，我国尚未建立起短期国债发行机制，开展国库现金管理需要国债管理的密切配合，同时也有助于完善我国的国债管理。③

财政部科研所杨照南主任从国库现金管理与货币政策的关系

---

① 张通：《关于建立现代国库制度的思路》，载于《财务与会计》2001 年第 1 期。

② 财政部科研所课题组：《国库库底资金的运作管理》，载于《中国财经信息资料》2002 年第 2 期。

③ 韦士歌：《从近两年中央国库存款余额较高谈起：对中国国库现金管理战略的深层思考》，载于财政部财政科学研究所《研究报告》2004 年第 40 期。

出发，说明国库现金管理中闲置资金的投向，以及与货币市场投资的关系。①

当前，我们对国库现金管理的理论认识越来越全面与深刻。但对于国库现金管理的内涵与本质等基本问题，至今尚未形成统一的认识。有人认为国库现金管理是财政的职能，也有人认为它是中央银行的职能；有人认为国库现金管理属于资产管理范畴，也有人认为它属于债务管理范畴；有人认为国库现金管理是对"库底"资金的管理，也有人认为它是对国库资金运行的全过程管理。诸多观点，不一而足。显然，正确地认识国库现金管理的内涵与本质，是我国尝试开展国库现金管理的必要前提，具有重要的理论价值和积极的现实意义。

(三) 国库现金管理的内涵与本质

目前，国外财政界不仅对国库现金管理已形成较为一致的共识，而且为有效管理国库现金，无不建立起非常类似又较为完善的管理体系，这是在国库现金管理问题上达成共识的又一重要体现。第一，将政府现金余额集中于国库单一账户，实行"国库存款计息、银行服务收费"制度；第二，准确、科学地进行预算收支预测。如果预测不准确，就有可能发生从货币市场借入资金来支持现金需求，这个成本也是相当大的；第三，设立国库现金管理专门机构，如英国成立了债务管理办公室（DMO），统筹管理国家内、外债与国库现金管理，只有极少数国家仍由中央银行代理国库现金；第四，合理划分财政、央行在国库现金管理中的责权利，建立专门的财政与央行工作协调委员会或松散的经常性沟通渠道，确保财政、货币政策的协调执行；第五，建立科学严格

---

① 杨照南、程丹峰：《中国国库现金管理与货币市场投资选择》，载于财政部财政科学研究所的《研究报告》2004 年第 19 期。

的政府预算管理制度，制定清晰、严密的支付规则，完善国库现金的风险控制制度；第六，修订与制定相关法律、法规和管理办法，实现依法行政与依法理财。

综合国外理论与实践两方面分析可知，国库现金管理是预算执行阶段的重要活动。它是预算执行阶段所能运用的一项重要的技术性工具，通过对现金流入、流出的调控维持合理的库存余额，可以优化财务状况；它涵盖财政资金运行全过程，从资金缴纳到政府购买与投资，直到最终付款为止，都属于其管理范围；它将预算内、外收支集中到单一账户体系中，有利于规范收缴和拨付程序，加强对国库现金流量及其余额的预测与控制；它通过统筹考虑国库资金的收缴与拨付、运用与筹措，使无息或低息的国库现金维持在最低水平，使政府借款成本最小化与现金盈余的投资收益最大化；它通过加快资金收缴入库速度，准确及时地拨付资金，提高国库资金效益，充分掌握财政收支运行中的各种信息。显然，国库现金管理贯穿预算执行阶段的全过程，与预算收支两方面的实施都有关系。

换个角度来看，国库现金管理又是预算编制完成后全面、有效地控制财政收支的主要手段。它通过详细记录政府收支、科学预测政府现金流入与流出、编制详细可行的季度与月度用款计划，阻止计划外借债，帮助确认年度内预算调整行为，确保预算得到有效执行，是预算编制完成后能够在资金使用过程中有效控制财政资金的主要手段。它以先进的信息技术及财政管理信息系统与全国银行支付系统为支撑，全面了解国库资金收支运行状况，及时发现与纠正资金运行中的异常现象，提高了财政对国库收支的控制能力。它运用科学的方法合理地确定国库最佳现金持有量，高效地进行现金盈余投资与短期资金筹措，大大提高了财政资金的整体效益。

因此，从本质上讲，国库现金管理是预算执行阶段确保财政资金安全、规范与有效的重要管理活动，是预算编制完成后有效控制财政收支的主要手段。从管理者角度考虑，财政部门理所当然地成为国库现金管理的主体。财政资金存放在中央银行的国库账户中并通过银行体系与货币市场运作，是市场经济较为发达及金融体系较为完善的条件下的必然选择。中央银行并不是国库，它只是代理部分国库业务的管理机构。有效控制财政收支，确保财政资金的安全、规范与有效，是财政职能的集中体现，中央银行不应该，也无力履行这些职能。

二、国库现金管理的主要内容

从管理理论与国外实践来看，国库现金运用、国库现金筹措，构成了国库现金管理的主要内容。

（一）国库现金运用

所谓国库现金运用，是指在国库资金收支运动过程中，及时满足政府正常的资金需要，确定国库账户中最佳现金持有量，将多余现金用于投资，同时努力改善现金流入与流出。主要包括以下几方面。

1. 国库账户最佳现金持有量的确定。一般认为，现金资产是非盈利资产，持有现金意味着放弃获利机会。一方面，金融市场的利率越高，持有现金资产的成本也就越大；另一方面，现金短缺则需要及时筹措资金弥补缺口，并要付出一定代价。这就要求确定国库单一账户中最佳现金持有量，既保持一定现金存量，满足政府正常的资金需要。同时，又不丧失投资获利的可能性，还应避免现金短缺可能带来的损失。为此，需要定期编制现金预算和用款计划，合理安排国库收支，及时反映国库现金溢缺。此外，还需要以经验为基础，采用科学的方法合理确定最佳现金持有量，并根据实际情况及时修正和调整。

2. 改善现金流入和流出。改善现金流入和流出是国库现金的日常管理活动，其意义在于有效管理与调控国库资金收支运动，提高资金效率。改善现金流主要做好两方面工作：一是加速资金入库：激励提早纳税和抑制延期纳税，如小额折扣、罚金和利息费；通过先进的方法及时收款，比如资金电子转账；通过锁箱法①、简化操作程序、分类存款等来加速收入货币的处理过程。二是及时准确支付：阻止不必要的提早支付，除非早付款带来的折扣收入高于所得利息；将可选择的付款期向后移，延缓支出；向供应商和雇员规定付款日期或有规律的付款，减少操作成本等。

3. 国库现金余额投资。国库现金余额投资是国库资金运用的重要方面，是将国库资金运动中沉淀下来的现金通过存放商业银行或购买优质债券、货币市场运作、发放贷款等方式获取收益的投资行为。国库现金余额投资应综合考虑资金的盈利性、流动性和安全性。首先保证国库资金的安全性；其次是流动性；最后才是盈利性。因此，一般投资于信用好、二级市场发达、流动性强的金融工具。发达国家的通常做法是，由法律明确规定国库现金余额的投资范围。

（二）国库现金筹措

国库现金管理中的资金筹措主要用于短期或临时性的支付目的，不同于财政管理中的中长期资金筹措，具体是指通过发行短期国债或现金管理券、货币市场双边运作或备用透支协议融资来

---

① 锁箱法（lock box system）指运用另一个组织来处理付款。付款人将款项直接付给或邮寄给锁箱机构，其将收到的款项迅速存入国库账户，并负责记录付款、存款等活动。

应对国库临时性、短期性或季节性资金短缺。

1. 发行短期国债①。短期债券是指期限在一年以内、定期发行的可流通债券。通常，在现金净流入月份，短期债券发行量及其余额相应减少；在现金净流出月份，短期债券发行量及其余额相应增加。一般情况下，季度内每月发行额大致相同，这便于投资者形成稳定的预期和投资决策；而季度之间每次发行额有所不同，它是根据季度对国库收支的预测决定的。此外，还可不定期地发行期限在13周以内的债券，即现金管理债券，以满足国库支出的临时性需要。由于现金管理债券不定期发行，其筹资成本高于定期发行的短期债券。

2. 货币市场双边运作。货币市场双边运作是国库现金管理部门以日为基础运用一系列工具在货币市场上进行的交易活动，比如回购、逆回购、有选择的现买现卖国库券和其他优质债券等。回购指现金管理部门暂时卖出优质金融工具并放弃所有权，待约定时间过后再按既定价格购回并收回所有权，实质是暂时融入资金。逆回购指现金管理部门暂时买入优质金融工具并拥有所有权，待约定时间过后再按既定价格售出并放弃所有权，实质是暂时融出资金。

3. 备用透支协议融资。目前，许多国家都有法律规定财政部不得向中央银行透支或借款弥补预算赤字。如《马斯特里赫特条约》规定，欧盟各国中央银行不能向本国财政部发放隔夜信贷来弥补其预算收支差额。为此，英国债务管理办公室与几家大型清算银行签订了"备用透支协议"（SEDTA）②，以应付国库的不时

---

① 发行中长期国债是国库资金筹措的内容，但不是国库现金管理的内容，故本章没有论述。

② UK DMO, The Future of UK Government Debt and Cash Management: The New Framework, 4 December 1998.

之需。又如瑞典，则可以在特殊情况下由其他银行作为代理人向中央银行借款。

（三）国库现金管理的现实基础

良好的国库现金管理，需要建立在完善的国库账户体系、政府会计体系、现金流预测系统、财政管理信息系统、发达的货币市场体系，以及与中央银行的配合机制等基础之上。

1. 国库单一账户体系。推行国库单一账户制度的目的就在于优化现金管理，将分散沉淀在大量不同的账户中的财政性资金集中到国库单一账户中来，避免了某些机构需要借贷并支付额外利息，而其他机构在国库账户中却有闲置资金。此外，国库单一账户体系的设置，实现了从源头上对财政性资金的控制，是加强支出控制的根本性措施。

2. 政府会计体系。选择科学的会计科目表、总分类账、会计基础，建立完整的政府会计核算体系，详细记录政府每一笔收支与交易，是做好政府会计核算与财务分析的前提，也为国库现金管理部门和众多支出机构做好财务规划与预测奠定了必要的基础。

3. 财务规划与预测。确保现金流出与流入相匹配、借款计划编制以及现金余额投资，都需要财务规划和现金流量预测。主要包括：编制年度现金计划、预算设施计划、月度现金计划和月度内预测。这些工作做得好坏，直接影响国库现金管理中的投资或筹资决策。

4. 财政管理信息系统。信息技术可以大幅度降低信息处理成本和预算执行费用，使得不同的信息体系分享更多的数据，综合利用各类信息，使政府管理决策层能够及时获得质量更高的反馈意见。没有现代化的政府财政管理信息系统作支撑，就无法实现有效管理国库单一账户、资金收付快速划转、国库现金余额信息的收集及其运作。

5. 发达的货币市场体系。货币市场为各经济主体提高了流动性管理的场所。国库现金余额投资主要面向货币市场，国库资金筹措也主要是在货币市场上筹集资金，如发行短期国债、债券回购等。只有在货币市场体系发达、完善的条件下，财政部才可能方便快捷地从货币市场上融通资金与投资获益。

6. 与中央银行的配合机制。国库现金管理需要中央银行的密切配合，正如同中央银行货币政策管理需要财政部门的密切配合一样。各项国库现金管理操作都不同程度地影响到货币供应和市场利率，而且国库现金管理目标与出发点均和货币政策有所不同。因此，财政部门与中央银行之间应建立密切的配合机制，确保政府各项政策的协调执行。

三、国库现金管理的基本策略

国库现金管理的主要任务，就是通过国库现金和现金等价物之间的转换，使国库现金保持一个相对稳定的数额，在保证国库现金安全的前提下，应优先保证国库现金具备充足的流动性，其次才是尽可能地争取国库现金的盈利性。可以说，保证国库现金的流动性，是国库现金管理的核心与化解"三性"（安全性、规范性与有效性）矛盾的焦点。

（一）国库现金管理的价值观基础

行为学理论认为一个人或组织的行为受其价值观的支配。综合看，资金时间价值、投资风险价值与政策调控价值构成了国库现金管理的价值观基础。

1. 资金时间价值。所谓资金时间价值，是指资金在周转使用中由于时间因素而形成的差额价值。例如，甲单位将40万元资金存入银行，按照单利计算，5年后的本利和为60万元。这就说明，40万元本金在5年以后的价值提高到60万元了。但是，资金时间价值不会自发或自我实现。只有把货币资金投入生产与流通之中才能产生时间价值，这也是获取国库现金时间价值的基本前提。

2. 投资风险价值。风险同收益之间的关系，也构成了现金管理的基本依据之一。从理论上讲，资金时间价值是在没有风险和通货膨胀下的投资收益率，而投资风险价值是指投资者由于冒着风险进行投资而获得的超过资金时间价值的额外收益，也称投资风险收益或投资风险报酬。风险意味着有可能出现与人们取得收益的愿望相背离的结果。投资者都讨厌风险，不愿遭受损失，为什么又要进行风险性投资呢？这是因为有可能获得额外的收益，即风险收益。人们总想冒较小的风险而获得较多的收益，至少要使所得的收益与所冒的风险相当，这是投资风险价值的基本要点。从这个角度看，国库现金管理需要处理好常态管理与风险管理之间的关系，绝不能打无把握之仗，在确保国库现金安全性基础上获取风险收益。

3. 政策调控价值。对国库现金管理而言，仅仅具备上述两方面价值观基础是不够的。资金时间价值与投资风险价值是任何一个组织（包括企业、政府等）开展现金管理的共同基础，但无法揭示国库现金管理与其他组织现金管理的区别和差异。国库现金管理客观上需要建立在政策调控价值观基础之上。国库现金管理是现代政府活动中的一项"公共产品"，追求现金管理操作的收益最大化或成本最小化不是其唯一目的。国库现金一方面是社会财富的一个重要组成，通过财政职能在全社会进行分配；另一方面也是整个金融体系的一个重要部分，可以在货币市场上发挥影响作用。因此，国库现金管理的每一项举措都可能产生一定的政策调控功效。可以说，这是国库现金管理区别于企业现金管理的本质之处。所谓政策调控价值，是管理者在国库现金管理与操作过程中获得的超出资金时间价值和投资风险报酬且难以用货币资金衡量的政策性收益。

国库现金管理的兴起，标志着国库管理与政府预算管理开始进入高级发展阶段。其高级性体现在引入了信息化的理财手段，更加充分地开展了市场化理财活动，塑造了更加协调、高效的政府理财系统。基于资金时间价值、投资风险价值与政策调控价值建立起来的国库现金管理的根本任务，就是要正确处理国库现金的安全性、流动性与效益性之间的关系。其中，安全性是前提，流动性是手段，效益性是目的。安全性需要法律与制度保障，流动性需要平衡的货币性资产—负债管理，效益性需要综合考虑与兼顾经济性效益和政策性效益。

（二）资产管理与负债管理的优劣比较

满足国库现金流动性需求的最一般的方法，是要求国库持有流动性较强的资产来保有流动性，主要是现金和可流通证券。当需要流动性时，出售部分资产以换取现金直到国库所有的现金需求得到满足。因为流动性资金是通过非现金资产转换为现金而获得的，这种管理策略通常被称为资产转换或资产管理。此外，政府也可以通过从货币市场上借款筹集所需的流动性资金。这种借入流动性资金的管理策略通常被称为负债管理，其本意是借入足够的即时可用的资金以满足其全部的流动性需求。

然而，资产管理并不是一种成本较小的方法。因为出售资产意味着国库丧失了持有这些资产可能带来的利润，而且还要付出一定金额的交易成本。因此，如果确实需要通过资产管理实现流动性需求，那也一定要优先出售盈利潜力最小的资产，从而使放弃未来收益的机会成本最小。与资产管理相比，负债管理有许多好处。比如,可以便捷地在国库需要资金的时候借入资金,这就不需要在总资产中保存数量过大的流动性资产,相应提高了国库现金的潜在收益。但是,通过借入资金解决国库的流动性需求是最具风险性的一种方法,原因在于货币市场利率的不稳定性与资金不可获得性的快速变化,使政府发行债务的成本经常变动,并且难以保证政府在必要时可及时足额地获取流动性资金。

（三）国库现金管理是平衡的资产—负债管理

由于负债管理的高风险性与资产管理的高成本性,人们逐渐意识到应该采取折中原则把两者有机结合起来,也就是采取平衡的资产—负债管理。一部分流动性需求由自身资产来满足；另一部分可预计的、期限远一些的资金需求则通过发行中长期债券来解决,短期性、临时性的现金需求则通过短期借债来满足。从国外国库现金管理的具体实践来看,大多数国家基本上采取了平衡的资产负债管理策略。具体体现在以下几方面。

第一,定期、滚动地发行短期国债,不定期地发行期限小于28天的现金管理债券,使精确调整现金流成为可能。第二,经常性地在货币市场上开展双边操作,主要是回购、逆回购等交易。第三,适时调整存放在商业银行中的财政资金规模,当中央银行下的日终现金余额不足时,从商业银行调入现金补足。第四,灵活地将部分国库现金盈余以隔夜贷款和定期贷款等形式分流出去。第五,向中央银行或金融机构拍卖定期存款以调节国库现金流。第六,对工作日临近结束时及突发事件做出特殊的安排,通过签署协议的方式请中央银行或清算银行协助处理临时性现金投资或借款等事项（见表2-1）。

以上具体做法表明,发行短期债券、临时借债、货币市场债券回购等都属于负债管理范畴；而货币市场债券逆回购、银行存款变现、定期存款拍卖、发放隔夜贷款等则属于资产管理范畴。

总之，平衡的资产—负债管理策略，是一种较为高级、全面的管理策略，有助于保证国库现金的流动性，同时也有利于实现安全性、流动性与盈利性之间的协调。

在国库现金管理中，安全性、流动性和盈利性具有不同的地位与作用。首先要保证国库现金的安全性；其次要保证较高的流动性；最后是尽可能地争取盈利性。政府没有追求最大利润的可能性及内在动机，但应讲求效益与最大限度地降低成本。从这个角度考虑，国库现金管理不应片面地理解为资产管理或者负债管理，而应采用平衡的资产—负债管理策略。

表2-1　2000~2013年主要发达国家开展国库现金管理的具体做法

	英　国	美　国	法　国
账户管理	对于债务管理账户中的余额，英格兰银行要支付利息，利率相当于英格兰银行公开市场操作时的债券回购利率	将约50亿美元的现金存放于纽约储备银行，不计付利息，但分享投资收益；将超额部分存入商业银行，需银行提供担保，计付利息利率相当于银行间借款利率的75%	3亿欧元以内的资金，法兰西银行按照欧洲中央银行贷款利率计息；超过3亿欧元部分，利率大大降低
现金管理手段	①优先发行1个月和3个月期限的国库券；不定期地发行小于28天的现金管理券。	①每周发行2周、4周、13周、26周短期国库券；不定期地发行1天至2周的现金管理券。	①每周固定发行3个月、6个月、12个月的国库券，以3个月为主；
	②在货币市场上卖出或回购财政持有债券（融资）；买入或回售优质债券（投资）。	②适时调整存放在商业银行中的财政资金规模，包括活期、定期存款。	②每个工作日的16:15~17:00，停止出账，做最佳金融投资：隔夜贷款，不需要抵押；定期贷款，需要抵押。
	③向清算银行协议借款	③2002年推出定期投资计划，将盈余以定期存款方式向26家银行拍卖	③与4家主要的商业银行签订协议，向财政提供隔夜贷款
国库余额规模	2亿英镑	50亿~100亿美元	1亿~3亿欧元

续表

	英 国	美 国	法 国
管理机构设置	债务、现金管理机构合二为一，1998年前，为英格兰银行；1998年后，为债务管理办公室	债务、现金管理机构分立。财务管理局成立于1984年，负责现金管理与债务收缴；债务管理局成立于1919年，负责债务发行与兑付	债务与现金管理机构统一，设在财政部下
货币政策协调	操作层面合作多，政策层面联系少；日终现金余额相对稳定，对货币政策影响小	当中央银行账户下的现金余额规模超过银行承受能力时，对货币政策有重要影响	国库现金余额的变动具有很强的独立性，对货币政策有影响
	瑞 典	澳大利亚	加拿大
账户管理	政府部门从四家商业银行中选一家作开户行，财政存款计息，银行服务收费；国家债务管理办公室在央行的账户不交服务费	在中央银行存放的超过10亿澳元的现金，按照活期与定期两方式计息，定期存款利息接近联邦政府短期国债融资成本	财政在加拿大银行开设加元结算和清算账户作为国库单一账户，该账户中的现金余额要计付利息，利息为当天早晨拍卖期限为1天的存款的中标利率的平均值
现金管理手段	①每月第2周固定发行1~12个月期限的国库券；临时发行2~6周期限的短期债券。②国库单一账户中所有盈余现金全部投放市场，以国债交易、银行存款等方式投放出去；短期资金拆借或回购。③由其他银行代理可以向央行临时借款	①每周固定发行1个月、3个月、6个月期限的国库券。②将盈余现金定期存款的方式投资于中央银行，定期存款的期限设计与现金需求的波动协调一致，提前支取需交罚息；在市场上开展回购交易。③联邦储备银行可以向财政提供协议贷款，需按照市场利率支付利息	①每两周定期发行3周、6周、12周的国库券。②将盈余以定期存款方式拍卖：9：15，1天至几周期限，量大；16：15，1天期限，量小；中午之前开展回购或逆回购
国库余额规模	零	10亿澳元	5000万加元（仅指大额转账系统中的现金余额）
管理机构设置	国家债务管理办公室（SNDO）	财务管理办公室（AOFM），1999年成立，负责中央国库现金管理	加拿大银行
货币政策协调	对货币政策影响小	存放在中央银行的政府资金状况变化对货币政策有重要影响	对货币政策影响小。中央银行在下午对现金盈余拍卖，以实现其货币政策

资料来源：作者根据各国财政部门公开统计数据整理。

四、国库现金管理的职能作用

(一) 国库现金管理的主要职能

从国外实践来看,国库现金管理的职能主要体现在以下几方面。

1. 减少闲置现金,获取最大收益。政府预算执行过程中,各预算收支项目具有不同的规律,可能导致国库收入和支出不能完全匹配。此外,预算实际执行数与计划数经常存在差异,当出现超收、减支、收入入库进度快于计划,进度或者支出进度滞后于计划进度等情况时,就会出现国库现金余额。国库持有闲置现金则意味着机会成本的产生和损失的出现,若用来回购优质债券或存放商业银行,就可以获取投资收益。

需要特别说明的是,获取最大收益不等于追求最大盈利。财政部门代表政府行使财务管理职能,其管理活动与盈利性组织的经营活动有根本性区别,表现在要提高资金效益但不以最大盈利为目的。此外,国库现金管理活动离不开在本国货币市场上的运作,其一举一动可能会对货币供应量与利率走势产生影响,需要同中央银行密切协调配合,避免利用财政部的优势影响利率决策。这也决定了国库现金管理的操作目标不能以最大盈利为目的。

2. 以最低成本的方式弥合资金缺口。预算执行过程中,当减收、增支、收入入库进度滞后于计划进度或支出进度快于计划进度时,国库可能出现资金缺口。这就需要通过合适的渠道以最低成本的方式筹集资金来弥合资金缺口,保证预算的有效实施。在特殊情况下,某些突发事件还可能引发国库短期头寸危机,而国库现金管理通过在货币市场上发行短期国债、开展回购等交易,开通了规范化的市场融资渠道，大大提高政府融资能力，降低融资成本并可以有效化解短期头寸危机。

3. 加速资金入库，准确及时实现支付。各项税款从纳税人到银行最终缴入国库，需要一段时间。减少资金的在途时间，就是在争取资金的最大收益。而且，持有现金优于持有应收账单，应收账单意味着价值的拖延和量的减少。各种应收资金应该立即转变为现金并尽快缴入国库账户中。实现支付时，应避免提前支付与拖延支付。提前支付相当于减少利息收入，拖延支付有损政府信誉，还可能增加利息支出和不必要的拖延费用开支。

（二）国库现金管理的具体作用

国库现金管理贯穿财政收支全过程，涉及各预算单位、中央银行、商业银行、税务征管等众多单位。因此，在我国尝试并逐步开展国库现金管理具有多方面的重要作用。

1. 促成国库角色及其职能的实质性转换。国库现金管理是国库管理的核心和首要任务，使国库从单纯的核算财政收支扩展到对财政收支实行全面控制，成为政府财务、现金管理和宏观管理者。国库职能也随之扩展，包括有效管理政府财务，严格控制政府所有资源，管理政府现金和债务，处理财政资金收付，开发和维护国库管理信息系统，实现与货币政策的协调等。同时，国库现金管理将资金时间价值、现金流预测和资产负债管理等现代财务管理概念引入国库管理中，有利于加速国库管理体系的现代化建设，促进国库内部机构设置、运行机制和信息系统等基础设施的升级，从整体上提高国库管理水平。

2. 促进预算编制及其有效实施。编制财务规划与预测是国库现金管理的基础性工作，通常提前于财政年度准备，使财政部门熟悉与了解国库收支运行的大致规律，并能根据实际收入和支出情况逐月、逐周修正，确保预算有效实施。通过经常性的财务规划与预测工作，可以积累大量而准确的财政收支运行信息，为下一年度预算编制提供良好的基础。更重要的是，在不少国家，财务规划和预测还起到了预算的作用。由于支出优先次序的确定不能被充分讨论，或是不能在预算准备阶段由业务部门和财政部确定，或者是预算逃避了议会的硬性要求，财政部门不得不通过年度内现金分配来实现优先次序选择和支出削减，这样就起到了限制预算执行的作用。

3. 优化国债管理，降低借债成本。首先，国库现金管理可以保证国库及时支付，又可以减少资金闲置，有利于提高国库资金效益，控制财政支出增长和债务增长。其次，国库现金管理可以使一部分中长期国债被短期国债或其他融资方式替代，从而减少政府债务余额和利息支出，降低年度借债净规模。再其次，发展规范的国库现金管理可以提高市场流动性，为市场提供示范和基准，提升市场参与者的信心，降低国债发行成本。最后，通过国库现金管理，可以实现闲置现金的投资增值，从而冲抵部分国债发行成本。

4. 提高政府财务管理与预算单位财务管理水平。各预算单位作为财政资金的使用者，负有重要的财务管理责任。其自身财务管理水平还是政府财务管理的基石，两者存在着"水涨船高"关系。国库现金管理不改变各支出机构的财务管理、会计核算和资金使用自主权，却使资金收入、支出、使用等管理科学化、规范化、透明化，形成了对预算单位的制约，也是对财政部门自身的制约，促进了预算单位与政府财务管理水平的提高，最终对整个国家有利。

5. 促进国内金融市场的发展。国库现金管理不仅将部分财政资金纳入市场运作，增加国内金融市场的广度，推进全社会资金的统一有效配置，而且能为市场提供权威示范，促进金融市场创新,增加金融市场深度和层次,是一国金融市场发达程度的重要标志。

6. 有利于财政政策与货币政策的协调配合。国库现金管理扩大了中央银行货币政策的调控范围,同时也需要与中央银行的协调配合。通过国库现金管理,可进一步改进财政部与中央银行在货币市场运行方面的协调与沟通,提高货币政策调控的完整性和有效性。

第二章 国库现金管理的经验与借鉴

国库现金管理在西方发达国家经过了数十年的发展历程，积累下许多可资借鉴的成功经验。熟悉国外的主要做法，分析各国管理活动的异同，可以为我国开展国库现金管理提供重要的借鉴意义。

一、美国国库现金管理

（一）国库现金管理的含义和职能

美国是联邦制国家，其国库现金管理分为联邦政府与各州政府两个层次上的管理活动。各州政府的现金管理与联邦政府有很大不同，可以采取商业银行存款、货币市场运作等多种方式。本节仅论述联邦政府的国库现金管理。

美国财政部认为，国库现金管理是指合理使用政府资金资源，以最佳的方式利用国库现金和易变现资源，优化政府财务状况，提高资金使用效益的管理活动。其职能主要有三方面：一是消除闲置的现金余额；二是及时存入应收资金；三是准确及时实现支付。

（二）国库单一账户的设置与管理

美国财政部为所有联邦政府资金提供统一基金（consolidated funds），即国库单一账户。财政部负责管理政府现金，满足日常现金需要，为未能预测到的紧急性支出提供保障措施。除极其个别情况外，国库持有所有政府资金，并由联邦储备银行代理。在单一账户制度下，联邦政府机构拥有资金使用权、财务管理权[①]，然而不能实际保管这些资金，因为这些资金全部由财政部保管。

联邦储备银行是联邦政府的代理机构[②]，成立于1913年，由坐落于华盛顿的7人管理委员会、12个联邦储备银行和25个分支机构组成。管理委员会是联邦政府下的一个独立机构，直接向国会负责。各储备银行是准公共机构，但所有权归属于当地联邦行政区内的私人商业银行，这些商业银行是联邦储备体系的成员。每个联邦储备支行有6位主任，其中3位由成员银行任命，3位由联邦储备管理委员会任命，全国大约有3000个成员银行。[③]

联邦储备银行作为联邦政府的国库代理机构，为财政部提供多种服务，具体包括：为财政部设立账户；发行国库支票；为国

---

① 这一规则也有例外。但是，超过90%的政府资金都保管在国库账户中。例外的情况是国防部和国务院的一些海外资金，以及某些机构用于研究的部分存款等。这些资金的情况也纳入了财政部总的核算体系，并且执行更严格的报告和审计制度。

② 为限制总统对联邦储备体系的控制权利，也为了使联邦储备体系避免遭受外部政治压力的影响，联邦储备管理委员会人员的任期为14年，并来自不同的联邦储备区域，以寻求地区间的公平。与其独立性同样重要的是，美联储的主要收入源自它的证券投资组合，因此不需要国会批准拨款。然而，美联储仍然要屈从于国会，因为是国会制定与修改约束美联储的法律法规。

③ 联邦公开市场委员会是主要的政策决策机构，一年要召开8次会议，其主要政策目标是促进价格稳定、充分就业和经济增长，主要政策工具是公开市场操作，具体操作由联邦公开市场委员会指导下的纽约联邦储备银行负责，并制定存款机构向美联储借款的贴现率和成员银行的储备率。

库支票提供清算服务；监控财政账户中的每日现金流动；每天向财政部报告现金流的情况；代理国库券拍卖业务；管理财政部的电子账目分录体系；发行各类国库券，并负责付息与兑付工作；为财政部提供金融市场方面的建议。

纽约联邦储备银行是12个地区储备银行中最大的一个。因为它的规模大而且坐落在美国金融中心等两个原因，因此而成为政府资金交易的中心。政府资金存放于设立在纽约联邦储备银行下的账户中，不允许其他的政府机构在自己的账户中存放资金（极少数特殊情况除外）。财政部的账户分为两类：一类是设立在纽约储备银行下的余额账户；另一类是设立在超过10000家的存款机构下的税收与贷款账户[①]，在这一账户中存放暂时闲置的资金。

（三）国库现金管理的主要做法

1. 分析、预测现金流。科学预测现金流是国库现金管理的基础。美国财政部设有专门办公室（现金和债务管理办公室）负责跟踪政府实际收入和支出，处理数据和监控现金运动，为政府财务及债务决策服务。现金和债务管理办公室利用自动化的现金跟踪体系（cash track），来跟踪大约200个最重要的政府现金收支项目，据此做出短期现金预测。现金收支信息主要来自于各地区的联邦储备银行、国内收入局、公债管理局和财务管理局的电子交易会计核算系统，以及其他渠道。

每个工作日的早晨，现金和债务管理办公室的员工通过电话同纽约储备银行、财务管理局的员工讨论昨天的交易情况以及现

[①] 1917年，政府资金就开始存放于税收与贷款账户之中，这样做有二个目的：一是促进税收收入收缴，同时又将政府机构暂时不用的资金投资于金融市场；二是"熨平"对银行体系的影响，减少政府资金变动对银行储备水平和货币市场的影响。

金余额状况，预测当天和未来 3~5 天的交易情况以及现金余额状况。这三个机构都可以在各自的计算机上使用电子现金跟踪系统，并根据实际情况及时必要地修正预测结果。未来几个月的每日现金预测结果，则需要逐月修正。作为预测过程的一部分，纽约储备银行的员工需要向财政部的现金管理人员报告前一天税收和贷款账户中的现金余额，而财政部的现金管理人员据此决定为满足政府日常的现金需求而提取税收收入的金额，并将这一数额通知纽约储备银行。然后，各地区储备银行将所需资金从税收和贷款账户中转至纽约储备银行下的国库账户。

未来 9 个月的每日现金预测，大约逐月修正一次。在现金跟踪制度下，采用时间序列法①分析政府每日收入与支出的历史数据。对具有重大影响作用的因素，需要以年度分析为基础寻找出季节性或倾向性的影响因素。现金预测所需要的长期信息包括各政府机构编制的未来 9 个月的分月用款计划。每一季度之初，所有联邦政府机构需要向总统预算管理办公室提交本季度和未来两个季度的收支计划报告，还要向财政部提交未来 9 个月的月度收支计划。现金预测所需要的长期信息还包括财政部税收分析办公室的收入预测和总统预算办公室的经济预测。

最后，每日的现金预测结果提供给市场融资办公室（the office of market finance），市场融资办公室采用以短期融资（3 个月

---

① 时间序列法是按时间顺序排列数据预测未来的方法。事物的发展变化趋势会延续到未来，反映在随机过程理论中就是时间序列的平稳性或准平稳性。准平稳性是指时间序列经过某种数据处理（如一次或多次差分运算）后变为平稳的性质。时间序列有 4 种变动因素：长期趋势（T）、周期变动（C）、季节变动（S）和偶然变动（I）。这 4 种因素的综合模式有加法模式、乘法模式和混合模式。时间序列法分为两类：一类是不细分 4 种变动因素而直接利用时间序列数据建立数学模型，进行预测；另一类是对 4 种变动因素有侧重地进行预处理，从而派生出剔除季节变动法、移动平均法、指数平滑法、自回归法、时间函数拟合法等具体预测方法。

到 1 年）为基础的融资模式。结合这一融资模式，对每日的现金预测结果进行分析，然后将该结果提交给融资小组，该小组每周召开一次正式会议。在每周的例会上，融资小组成员将当天的预测结果同上一周的预测结果相比较，并讨论可能会影响现金流的其他因素。在当天晚些时候，融资小组会及时宣布每周发行国库券的具体数量与可能做出的必要调整，下周即可拍卖发行。

2. 改善现金流入与流出。改善现金流是现金管理的重要内容，其核心思想是尽可能的加速资金入库、延缓资金出库，提高政府资金效益。现金流入方面，采取的措施主要有：激励提早纳税和抑制延期纳税；通过先进的方式及时收款，比如资金电子转账；采取锁箱法、简化操作程序、分类存款来加速处理过程。现金流出方面，采取的措施主要有：查找和阻止不必要的提早支付；将可选择的付款期向后移，延缓支出；向供应商和雇员在固定日期付款或按一定规律付款，减少操作成本。

财政部财务管理局具体管理资金接收和拨付工作，还管理着 1 万多家存款机构连接起来的网络系统，并可以通过这一网络为其他联邦机构提供某些服务。这一制度安排，有助于鼓励各机构有效使用各项服务项目，有助于向财政部提供准确、及时的资金信息。联邦政府机构内的验证官员（certifying officers）是唯一可以授权财务管理局代表该机构支付资金的人员。验证官员必须确认所有的支付是合法的、适当的与正确的。然后，将验证确认后的支付申请用纸质文件或电子文档的方式传递至财务管理局。在收到已经验证确认后的支付申请后，财务管理局的工作人员还要确认验证官的签字是否正确。一旦得到确认，财务管理局的支付官就可以根据验证官的指令实现支付。

财务管理局所要支付的资金，从财政部设立在纽约储备银行的一般账户中提取。所有的纸质和电子支付令都是通过纽约储备银行实现清算的,借记财政部账户,贷记资金接收者的金融机构。联邦政府使用多种方法实现支付,如现金、支票、银行信用卡和多种多样的电子资金转账方式。在资金收缴方面,有以下几种电子资金转账方式:自动清算所(the Automated Clearing House)、联邦电报体系、因特网接口、纸质支票的电子图像转换。在资金拨付方面,主要使用以下几种方式:现金、信用卡和支票。有一点很重要,联邦机构向财政部报告的财务处理事项,不仅与财政部的现金管理操作有关,而且还与联邦政府预算收支有关。因此,财政部的现金流管理体系应与预算控制制度融为一体,两者共同构成国库会计核算与报告制度的核心。

政府收支管理制度通过电子网络将财务管理局、各联邦机构、商业银行、联邦储备银行和财政部联系在一起。这一电子网络系统,可以接收存款信息、发出资金转移指令,将每天的存款资金集中到联邦储备银行下的国库账户中去,可以为联邦机构通过因特网提供适时的信息,确认存款、清算、电子转账和凭证单据以调节账目。这些数据信息可以在网络上保存7年,各联邦机构可以通过这一系统仔细研究、分析存款状况和现金流的大概水平。此外,还有助于财政部管理由金融机构提供的各项存款服务等活动,监控美国政府的现金状况。

3. 国库现金余额的投资。当联邦储备银行下的国库账户日终现金余额高于50亿美元时,超过这一额度的资金全部存入几家大型商业银行中具有完全担保的特殊银行账户,即"税收与贷款账户",由财政部赚取利息收入;当联邦储备银行下的国库账户日终现金余额低于50亿美元时,财政部在当天或次日11点前,从"税收与贷款账户"调入现金补足到50亿美元。通常,国库存款的利息率低于现行联邦资金利率25%,相当于银行间无担保借款利率。没有同财政部签订协议的银行也可以接收国库资金,但必须在当天工作结束之前将资金转移至联邦储备银行下的国库账户中。对于税收与贷款账户上的现金,由于商业银行既要支付利息,又必须提交足额的优质金融工具作为抵押品,商业银行通常与财政部商定:税收与贷款账户上的现金不能超过某一限额。

作为国库现金管理的重要组成部分之一,美国财政部制定实施"定期的、可预测的"债务管理政策,也就是说,所有国库券通常在一个固定的时间拍卖,债券期限和拍卖时间提前向市场公布,每次拍卖的债券数量波动不大。现有的国库券种类主要有:每周发行的4周、13周、26周国库券;每月发行的2年期债券;每年发行8次的5年期债券;每季度发行一次的3年期和10年期债券。

财政部通过调整每周国库券拍卖数量,来平衡现金余额的大幅度的、季节性的波动。比如,在2001年8月,4周期限的国库券开始每周拍卖一次,通过拍卖这一期限的国库券将现金余额的实际波动幅度消减了25%。4周期限的国库券发行数量从60亿~300亿美元不等,每周之间的发行数量最多相差80亿~100亿美元。13周和26周期限的国库券的拍卖数量的波动幅度相对较小。如果考虑到国库净现金流的两周波动规律,选择发行2周期限的国库券,要优于4周期限的国库券。偶尔,为了平衡现金余额的急剧、短期的波动,财政部可以发行更短期限的现金管理券,期限一般在1天到2周之间。

4. 实现与货币政策协调一致。过多的国库现金余额存放在商业银行中,意味着国库资金余额保留在银行体系而不是联邦储备体系中。联邦储备银行中国库存款资金的增加将会从商业银行体系中抽取储备金,倾向于紧缩银根,除非联邦储备银行通过公开市场操作来进行补偿。因此,商业银行中的国库存款变动要与联邦储备银行执行稳定的货币政策相一致。

税收与贷款账户下的资金与私人存款之间的转换，对货币政策的影响效应相对小得多，因为在这种情况下银行体系中的储备资金没有发生变化。1917年设立税收与贷款账户的主要目的，就是实现政府总的存款资金以及发行债券引起银行储备金的波动最小化。在1974年以前，财政部通常采取将基本经费资金存放于商业银行，以使政府在纽约储备银行下的存款变动量最小化。这样的话，联邦储备银行就可以采取相对小得多的公开市场操作，来平衡国库资金出入纽约储备银行账户带来的银行储备金的变化。

但是在1974年，在等待国会修改法律以允许财政部向设立税收与贷款账户的存款机构收取利息的那段时期内，财政部把几乎所有的资金都转移到纽约储备银行账户下。另外，也是因为联储账户下的国库现金余额可以获得投资回报，而联邦储备银行的投资收益要上缴财政。所有的政府现金余额存放在纽约储备银行，意味着联储必须大幅度地增加反向公开市场操作的力度，来平衡对银行体系中储备金的影响。在1974~1978年间，联储的临时性、季节性公开市场操作活动比往年增加了1/4。1978年11月后，关于计付利息的法案开始实施，工作的重点转变为将纽约储备银行下的国库资金余额保持在一个稳定的规模上，通过改变银行体系中的存款金额来平衡政府收支的波动。

目前，出入国库账户的每日净现金流量相对较大而且波动较大，财政部的现金管理操作对货币政策的影响也更大一些。每日现金余额大致在50亿~1000亿美元波动，也可能一天内出现400亿美元的波动，或者出现远超过联储公开市场操作金额的波动幅度。有时，政府现金余额可能会超过税收与贷款账户承纳金额与纽约储备银行目标现金余额之和。这时，联储必须采取措施，开展公开市场操作以抵消对银行储备金的影响。例如，1997

年、1998年的4月份（一年中现金流入最多的月份）的税收收入超过预测收入400亿美元，1997年有200多亿美元的资金税收与贷款账户没有能力容纳。这时，联储在1997年及时采取措施间接地吸收了大约200亿美元资金，1998年吸纳的金额少于200亿美元但仍数额巨大。

（四）国库现金管理的机构设置

在美国，涉及国库现金管理的主要机构有：总统预算管理办公室、财政部、联邦储备银行和大约10000多个存款机构。

总统预算管理办公室负责将国会审批后的预算金额分配给所有的联邦政府机构。联邦政府机构不可以超预算支出，只能将资金用于法律规定的特定领域或项目。法律禁止政府各机构在预算未审批之前支出预算资金，也禁止有关部门迫使政府机构在预算未审批之前支出预算资金。总统预算管理办公室通常按照时间和进度拨付资金。在得到财政部授权之后，各联邦机构才可以开始支付资金。

法律赋予财政部部长管理联邦政府财务的职权。财政部可以分为两个主要的组成部分：一是财政部各类办公室；二是各类管理局。各类办公室主要负责政策决策和财政部的整体管理，包括现金与债务管理方面的政策。各管理局的职工总人数占财政部总人数的98%，负责按照财政部的规定，完成某些特定的管理活动。

与现金管理有关的三个局分别是：（1）公共债务管理局，为联邦政府借入其所需要的资金，负责发行和管理国库券、储蓄债券或其他特殊债券；（2）财务管理局，负责接收和拨付公共资金，管理、维护政府各类账户，编制政府财务月报和日报；（3）国内收入局，是财政部最大的一个局，负责决定、评估和收缴各类税收收入和其他国内收入。

财政部的财务管理局（Finance Management Service），是管理政府现金、信用和债务收缴的主要机构，管理联邦政府机构的支付和资金收缴等活动，监控政府的会计与报告体系，为联邦机构提供债务收缴服务，并负责其他一系列的财务管理事项。财务管理局发布指导性意见与相关的规章制度，帮助其他联邦政府机构提高财务管理水平，实现投资收益最大化和融资成本最小化。

财政部向总统、国会和公众提交常规的、专门性的关于政府收入来源与公共资金支出方向，以及政府总体财政状况等方面的报告。财务管理局编辑出版了现金管理和联邦政府的预算收支等方面的多个报告，如《美国政府收支月度报告》和《美国政府收入、支出及其平衡状况总览》。联邦储备银行作为国库代理机构，负责监管联邦储备体系下的所有银行，在资金划转体系中具有主导作用。

二、英国国库现金管理

（一）国库现金管理的机构设置

1997年之前，债务和现金管理①一直由英格兰银行负责。1997年5月，新的工党政府执政后不久，财政大臣提出重新安排政府债务和现金管理，避免在市场操作中的矛盾和冲突，整合政府短期和长期债务管理。此后，英格兰银行具体负责货币政策管理，原来属于英格兰银行的债务与现金管理职能划归财政部。

这次变革的原因有三：一是为了避免英格兰银行在债务管理

---

① 此处专指中央政府层次上的现金管理活动。地方政府有自己的资金来源（中央政府授权）和支出责任，它们也有自己的现金管理安排，并且不要求它们将盈余现金存放于公共部门（实际上债务管理办公室可以提供便利，能够允许它们这样做）。

和货币政策管理之间产生利益冲突。比如，货币政策管理要求增加利率，而债务成本最小化可能要求降低利率，由此两者之间可能产生矛盾。二是避免金融市场方面对英格兰银行在债务管理和货币政策两个目标之间出现利益冲突的种种猜测。比如，市场方面可能认为英格兰银行新发行债券的利率显示了下一步的货币政策意图。三是为了提高债券市场与货币市场的透明度，减少不确定性因素。同时，这也意味着国债利率低于其他利率，从而降低了政府债务成本。

为此，财政部设立了一个独立的机构，即债务管理办公室，专门负责政府债务与现金管理。自1998年4月起，债务管理办公室开始具体承担债务管理职责；自2000年4月起，开始承担现金管理职责。债务管理办公室是皇家财政部的组成部分之一，债务与现金管理同财政部其他业务相分离，不能提前获取尚未公开的信息或政府数据，可以设计适合自身特点的薪资结构，招募专业人员与所需的技术力量。

实践中，财政部长向债务管理办公室下达具体目标与任务，要求其每年报告一次，并将报告内容公开出版。债务管理办公室需要就年度债务发行计划与其他有关事项向财政大臣提出正式的建议。皇家财政部有责任根据宏观经济的具体目标适当采用这些建议；英格兰银行仍然有义务向债务管理办公室提供一系列的服务，承担政府债券登记注册管理等职能，协助债务管理办公室在每个工作日终了时结算政府所有的账目，以了解与控制最新的或难以预测的现金流波动。

（二）国库现金管理的含义和目标

在英国，国库现金管理主要是指通过发行短期国债和每日市场运作来"熨平"国库现金流，借以实现政府借债成本最小化。债务管理办公室希望以低成本、高效率的方式平衡国库现金流入与流出，又不影响短期利率水平，还要考虑与央行实施货币政策的协调。这就意味着债务管理办公室现金管理操作不以利润为目标，不利用自己的优势影响利率。具体表现：一是每个工作日通过市场操作补偿进出国民贷款基金的现金流；二是以低成本、高效率的方式实现信用风险管理并避免与货币政策相冲突。

英国财政部债务管理办公室提出，政府债务与现金管理的目标是使政府的长期债务融资成本最小化，控制债务风险，以最低成本的方式管理政府总的现金需求，同时实现与货币政策目标相一致。从中央银行的角度来讲，与货币政策相一致指的是债务管理办公室应避免采取有损于中央银行实现其货币政策操作目标的债务管理政策。在理论上，中央银行可以通过使财政部成为货币政策委员会的观察员这一方式实现其货币政策目标。在实践中，这种状况未曾发生，也不可能发生。在英国，人们普遍认为债务管理与货币环境联系薄弱，货币环境与经济活动之间联系薄弱，或是存在较长时期的或变化不定的时滞。只有当债务管理办公室试图采取极端的方式时，比如只通过发行一种国库券的方式为政府融资，中央银行才会干预。

（三）国库账户体系的设置与管理

国库现金流入与流出，以两大类基金为基础：统一基金（consolidated funds）和国民贷款基金（national loan funds）。前者相当于政府经常账户，税收和其他收入每天缴入，并通过其实现支付；后者设立于1968年，相当于政府借贷账户。如果统一基金出现盈余，盈余资金自动转移至国民贷款基金，以减少借债需要；同样，统一基金出现赤字，也由国民贷款基金为其弥补。《1998年财政法》授权财政部开设债务管理账户（debt management account）管理国民贷款基金，并通过该账户办理债券发行和现金管理操作（见图3-1）。

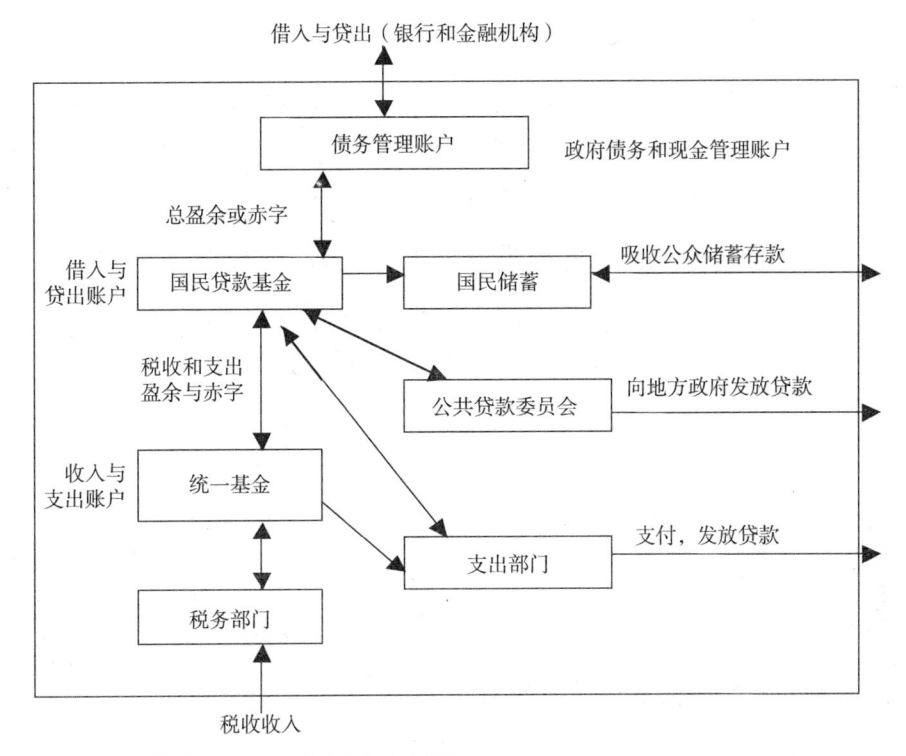

注：箱体代表了中央政府部门的界限。

图 3-1　英国政府账户体系

资料来源：英国皇家财政部公开报告。

从本质上来讲，债务管理账户中的金额是国民贷款基金中的备用存款，备用金额的大小取决于国民贷款基金的资金状况。当国民贷款基金出现赤字需要债务管理账户为其提供资金，而债务管理账户也出现赤字时，就可以从金融市场上融入资金①。统一基金账户中需要维持一个最低现金额度以应对每个工作日不可预测的资金需求的变化，将超过最低现金余额的资金投资于金融市场，以降低资金成本和获取收益。

---

① 债务管理账户在国民贷款基金中的存款是国民贷款基金的负债，同时又是债务管理账户的资产。如果需要筹集的资金数量增加，这时就需要从金融市场上借入更多的资金。因为，国民贷款基金从债务管理账户中借入了资金。

在英国，税收收入和其他收入都应按照法律规定缴入统一基金，经议会审议批准的部门支出由统一基金拨付到其他的中央政府账户中去。具体支付业务由财政部会计长办公室（the office of HM paymaster general）负责管理。财政部会计长办公室在英格兰银行开设有支付账户，并通过这个账户向各部门及其相关机构拨付资金（英国大约有900个公共机构，财政部会计长办公室账户下大约设有2000个账户）。会计长办公室管理的大多数资金都是从统一基金中流出或流入暂时存放于此的资金。会计长办公室管理账户以外的支出或缴入这些账户中的收入，也属政府支出和收入的范围。会计长办公室账户与统一基金之间的转账，统一基金、国民贷款基金与债务管理账户之间的转账等，都是政府的内部事务。

（四）国库现金管理的具体做法

英国国库现金管理遵循的一条重要原则，是寻求国库现金余额最小化，减少政府借债。目前，英国国库账户日终现金余额一般保持在2亿英镑左右。若低于2亿英镑时，债务管理办公室通过发行短期债券或卖出或回购所持有的金融工具，筹集国库所需现金；若高于2亿英镑时，债务管理办公室买入优质金融工具，赚取利息收入。按《马斯特里赫特条约》（以下简称《马约》）规定，欧盟各国中央银行不能向本国财政部发放隔夜信贷来弥补其预算收支差额。为此，债务管理办公室与几家大型清算银行签订了备用透支协议，以应付国库的不时之需。迄今为止，债务管理办公室主要通过金融市场来进行国库现金管理操作，具体做法如下。

1. 预测和监控现金流。为在每个工作日平衡国民贷款基金，债务管理办公室需要对中央政府现金流入和流出有可靠的预测，并且及时更新和监控现实中的现金流动。预测和监控中央政府现金流是皇家财政部的责任。财政部同各政府部门签署协议，要求它们提供各自的每日现金预测结果，并根据实际情况适时更新预测结果。财政部还根据历史经验对政府现金流入与流出做出自己的预测与判断。

一个财政年度内的政府现金流，通常呈现出相当规律的月度模式，这一规律与税收收入和支出管理有着密切的关系，但大额的现金流入或流出还受金边债券赎回交易的影响。在2000～2001财政年度，第三代移动电话射频频谱许可证的销售收入急剧地改变了该年度的现金流规律。这类收入影响了中央政府总的净现金需求曲线，详见图3-2所示。就长期模式而言，现金流常常在某一天发生较大幅度的波动，这是因为总有一些税收收入和支出难以准确的预测。

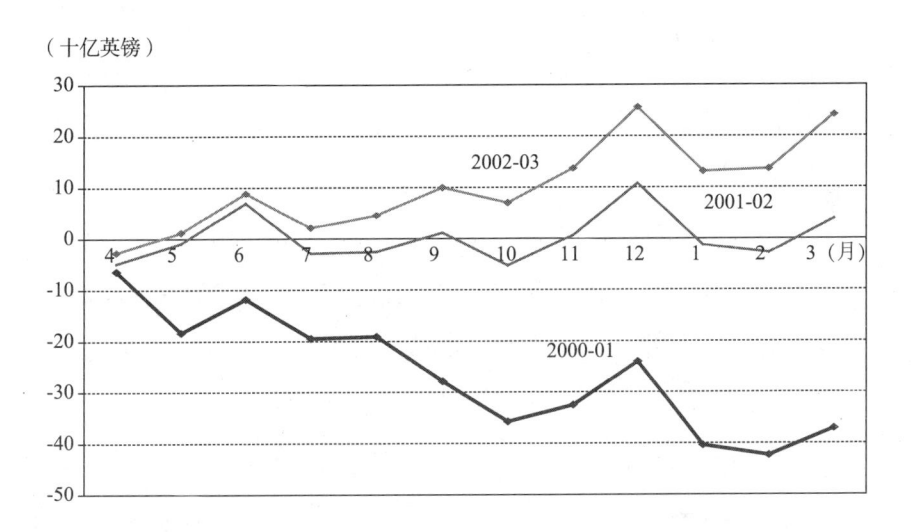

图3-2　2000～2003年中央政府净借款需求

资料来源：英国皇家财政部公开报告。

2. "熨平"现金流波动。债务管理办公室主要是通过发行短期国债和货币市场双边操作等途径来管理，来"熨平"现金流波动。

英国财政部认为：通过调整流通中的国库券总量而不必使用其他的大量资产，就可以很好地熨平国库现金周期性变化，实现政府债务成本最小化。具体说，在净现金流入的月份，减少国库券数量；在净现金流出的月份，增加国库券拍卖数量。每周规律发行的国库券有：1个月（约28天）、3个月（约91天）、6个月（约182天）、12个月（约364天）。其中，优先发行1个月和3个月期限的国库券。比如，在2000年至2001年12月，债务管理办公室在每周固定时间仅仅发行1个月和3个月期限的国库券，并通过变换1个月期限的国库券存量，实现了"熨平"政府现金流的目的。[1]

除每周发行国库券之外，债务管理办公室还可以通过使用货币市场上安全性较高的金融工具借入或贷出资金，来大致平衡政府的现金流波动。债务管理办公室采取的策略主要是：当出现现金盈余时，将盈余现金投资于货币市场，其期限长短取决于现金流出的预期；如果可以预测将来一段时期内总的赤字或盈余情况，债务管理办公室可以在当天既借入资金又贷出资金，借入资金或贷出资金的期限分别取决于未来现金流入或流出的预期；在利率有利的情况下，债务管理办公室可以采用远期回购的方式提前借入或贷出资金，以获取更大收益。

在货币市场双边操作方面，债务管理办公室以日为基础运用一系列工具进行交易：逆回购、回购、有选择地现买现卖国库券和优质债券；6个月期限以内的金边债券的现买；不固定的借入

---

[1] 债务管理办公室还不定期的发行现金管理债券（期限小于28天），以应付固定拍卖短期国债不能处理的临时性现金需求，使得债务管理办公室可以精确地调整现金流。

和借出现金。近些年来，债务管理办公室双边市场操作工具不断得到扩展。2000 年 9 月 12 日，债务管理办公室宣布部分 CDs①进入交易。今后，债务管理办公室市场交易工具还将扩展至部分商业票据、部分银行债券、其他超国家和外国政府发行的短期国债。

为了充分保证国库现金的安全性和所持金融工具的流动性，债务管理办公室规定：回购或回售必须以优质金融工具②作为抵押品；买入或卖出的优质金融工具的剩余期限最长不能超过半年；回购、回售或债券买卖交易，采取竞争招标方式或双方议价方式。此外，英格兰银行继续管理运作外汇平准账户（exchange equalization account）。债务管理办公室每日市场运作时，还需要考虑外汇平准账户的每日变化情况。

大额度现金流管理也是国库现金管理操作的重要内容。2000年，出售第三代射频频谱许可证获得了大量现金收入。5 月 9 日，第一部分第一次拍卖收入 82 亿英镑；5 月 16 日，第一部分第二次拍卖收入 39 亿英镑；9 月 1 日，第二部分拍卖收入 98 亿英镑。为使该笔现金流对支付清算体系产生的不利影响最小化，使该笔现金流从私人部门流入公共部门对伦敦货币市场的不利影响最小化，使拒不支付或拖延支付的风险最小化，财政部采取开设缓冲账户用于收缴招标收入、定期双边回购和逆回购交易、发行特别债券等办法，成功"熨平"了这次大额现金流波动。

---

① 大额可转让定期存单（negotiable certificates of deposits，CDs）亦称大额可转让存款证，是银行印发的一种定期存款凭证，凭证上印有一定的票面金额、存入和到期日以及利率，到期后可按票面金额和规定利率提取全部本利，逾期存款不计息。大额可转让定期存单可流通转让，自由买卖。

② 优质金融工具包括：英国政府债券、信誉卓著的商业银行发行的英镑短期票据、美国政府债券、德国和法国发行的欧元政府债券等。

3. 日终或突发事件安排。一定规模的、不可预测的现金流入和流出可能发生在工作日结束时，这样就来不及通过货币市场双边操作"熨平"其影响。应付日终或突发事件，需要英格兰银行和清算银行协调配合。按照债务管理办公室、英格兰银行和清算银行达成的协议，如果下午16：05之后出现现金盈余，盈余部分则进入中央银行的清算银行的最新回购；否则，清算银行需要向财政部按惩罚性利率支付该笔资金的利息。如果出现现金赤字，则可以从清算银行借入部分资金。在极其罕见的情况下，还可能会出现更难以预料的情况，以上这些方法都解决不了。这时，债务管理办公室可以提取在英格兰银行存放的2亿英镑的现金，具体金额根据实际需要而定。

4. 与货币政策的协调一致。债务管理办公室通过同英格兰银行联系、商讨来确保双方的货币市场操作不相抵触。债务管理办公室不在英格兰银行货币市场操作的时间进行国库券投标或是临时债券投标（通常是上午9：45和下午2：30），债务管理办公室不进入被认为与英格兰银行每日回购操作相竞争的贷款交易（期限约为14天），债务管理办公室不在金边债券招标日或货币政策委员会决定日的第二时段（上午10：00）进行临时债券招标。在利率决策方面，债务管理办公室不与货币政策委员会相联系，不对英格兰银行的决策作猜测性判断。除财政必需的数据和预测外，债务管理办公室不得提前获悉来自财政部、国家统计局或其他政府部门的可能会影响短期利率的政策报告或数据。

此外，债务管理办公室还可以发行国库券，来帮助英格兰银行管理国内的货币市场。如果英格兰银行要求发行某种期限的国库券，债务管理办公室可以增发一定数量的国库券。如果债务管理办公室决定协助英格兰银行实施货币政策而发行国库券，则需要其在经常性公告中做出解释,并公开债券发行规模。发行债券筹集到的资金,必须由债务管理办公室存放在设立于英格兰银行的一个专门账户中,并可能产生从市场抽取资金的效应。

三、欧盟国家国库现金管理

欧盟,是欧洲联盟(EU)的简称,由欧洲共同体(European Community)发展而来,初始成员有法国、联邦德国、意大利、比利时、荷兰和卢森堡六个国家,现拥有28个成员方。欧元区[①]是指欧洲联盟成员中使用欧元的国家区域,现有18个成员方,人口超过3.3亿。1999年1月1日,欧盟开始实行单一货币欧元,在实行欧元的国家实施统一货币政策。2002年7月,欧元成为欧元区唯一的合法货币。

(一)欧元区国家国库现金管理概况

欧元区内所有国家的金融市场是统一的,整个区域实行单一利率结构,不同国家之间没有外汇利率。但是,各个国家在金融市场惯例与实践等方面仍存在一些差异,如清算和存款协议。各成员方的财政管理相互独立,当然也包括政府债务与现金管理职能。目前的情况仍然是,各个成员方的居民购买本国的政府债券,但购买别国政府债券的情况正在逐渐增多。不同国家的政府债券之间相互交易的程度,反映了各自的信用差异,更重要的反映了流动性差异。

绝大多数欧元区成员方都建立了独立的债务管理办公室,不

---

① 欧元区成员具体包括爱尔兰、奥地利、比利时、德国、法国、芬兰、荷兰、卢森堡、葡萄牙、西班牙、希腊、意大利、斯洛文尼亚、塞浦路斯、马耳他、斯洛伐克、爱沙尼亚、拉脱维亚。

同国家的债务管理办公室的责任和具体设置有所差别。爱尔兰和德国的债务管理办公室①是以私人部门的形式建立起来的,在薪金和人员任用方面很大程度上不受公共约束。德国不同于其他国家的明显之处,是它的债务管理办公室按照公司法的原则运行,由财政部控股。但是,这两个国家的债务管理机构都要接受各自财政部的管理。通常,债务管理办公室的独立性越强,越需要更好地界定约束债务管理机构运作的政府协议。

奥地利和葡萄牙也建立了相对独立的债务管理机构。葡萄牙的债务管理机构由财政部两个独立的机构合并而成,一是外汇和国库券发行管理机构;二是原来的债务管理机构。但是,葡萄牙的债务管理机构不负责管理现金盈余,这项职能仍由葡萄牙财政部行使。在意大利,公共债务管理机构仍然是财政部不可分割的一个部门,负责公共债务(包括内债和外债)的发行与管理。意大利财政部与中央银行之间建立起了密切的合作机制,但债务管理办公室没有任何获取信息的特权。在1998年之前,只有中央银行有权力做出官方利率方面的决策;在1998年之后,由欧洲中央银行决定利率。然而,意大利中央银行仍是其债务管理办公室的代理机构,这两个机构在公共债务和现金管理问题上保持着密切的合作。

其他欧元区成员的做法,与英国模式更为相似。比利时、荷兰和法国在财政部内下设了一个专门的债务和现金管理机构,都成立于欧元区设立之前,负责操作层面上的具体管理工作。这三个国家的债务和现金管理机构,分别承担着国库现金管理和债

---

① 德国债务管理办公室成立于2000年(欧元区成立于1999年)。爱尔兰债务管理办公室创建于1990年。从那时起,爱尔兰的债务管理政策与货币政策之间没有正式的协调机制,尽管已经存在法律规定之外的信息与观点的交流。同时,爱尔兰债务管理机构已经清醒地认识到,必须避免与中央银行的货币和汇率政策产生矛盾。

管理职责①。下面以法国、西班牙、希腊和瑞典为例，详细阐述欧盟国家国库现金管理的具体做法。

（二）法国国库现金管理

1. 国库管理机构设置。法国财政部内设国库司，其中有一处负责国库，也称国库署，其任务是以最有利于纳税人的方式，管理国库账户与国债，尽可能降低债务还本付息水平。国库署下设六组，其中国库组具体负责现金管理②，确保国家在任何情况下都能如期支付需要开支的资金，按最佳条件以最低风险将多余的现金余额进行投资，组织开展各国间的融资合作（见图3-3）。

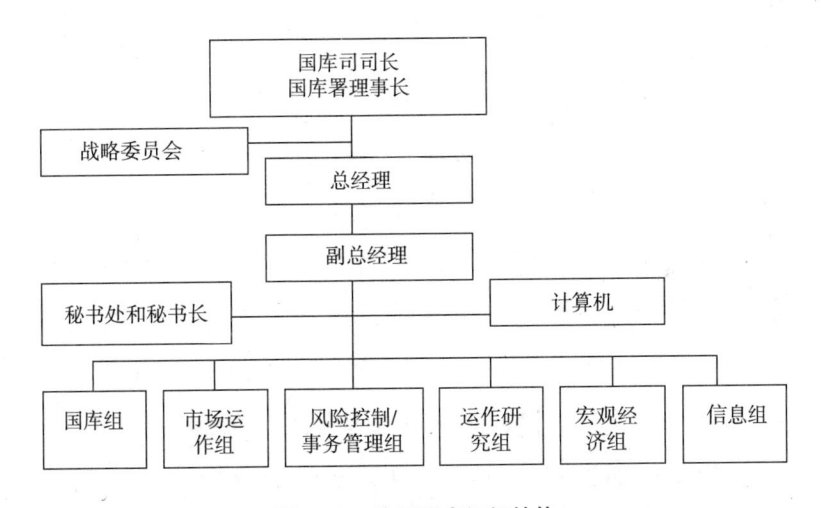

图3-3 法国国库组织结构

---

① 西班牙的债务与现金管理机构是经济部下属机构，而非财政部的下属机构，这样就赋予了债务与现金管理机构很大程度的独立性。芬兰也成立了专门的机构，但是债务管理职能被放置在国库局（the larger State Treasury）下，国库局是专门处理国内财政及提供国库管理服务的机构。希腊没有设立专门的债务与现金管理机构，这方面的职能由财政部行使。

② 贾康：《法国国库资金管理的一些情况》，财政部科研所内报2003年第2期。

2. 国库单一账户管理。法兰西银行为政府设立国库单一账户。按照规定，单一账户的9250个分账户（其中250个为在巴黎的预算单位；9000个为各地方的预算单位），每天的头寸都归结到总账户上。"库底"资金通过借贷运作后在账上仍留存的部分，法兰西银行要按照欧元体系的指导性利率计付利息，但资金总量上限是3亿欧元，超出3亿欧元的部分，利率水平要大大降低。法兰西银行为财政国库部门提供高质量的服务，并向财政收取手续费，手续费标准由两家谈判，以协议方式确定。

3. 国库现金管理的做法。国库账户日均资金流量主要有三部分：除投资和债务外的资金收支；市场交易性质的资金，如资金拆借和养老基金投资运作；债务运作的资金，包括新债发行收入与旧债偿还支出。每个工作日各分账户归零的时间设定为16点15分，以后不再出账，剩下的45分钟（即17：00前的时间）把头寸（现金余额）做最佳投资，具体方式主要有：具有国库券抵押等担保手段的借贷；银行间市场的隔夜拆借等。

需要融借资金时，债务管理办公室倾向于发行政府债券，以对国库现金余额的预测结果为基础，设计政府债券融资规模与期限结构。债务管理办公室认为：与持有现金相比，债券发行量应该小些才好。保留适当数量的现金余额，在短期内较容易贷出去，可以大大减小为应付难以预料的现金需求而向银行借款或透支的风险。

2001年，法兰西中央银行下的政府现金余额大约在3亿~15亿欧元波动。2002年5月，政府现金余额已降至2亿欧元，2002年9月降至1亿欧元。在2001年国库资金运作中，所获增值额为4.14亿欧元。加上外汇调期盈利，总体的国库资金运作年收益率在5%左右。

4. 与中央银行的工作协调。2002年法国债务管理办公室与法国中央银行签署了一项带有创新精神的协议：实时报告政府账户的整体情况，两次报告的时间间隔不得超过30分钟；已经被市场认可的交易遵从一个标准，这样就可以比较方便地与预测信息相对照；每日终了时，要详细报告交易的具体情况；如果中央银行没有兑现自己应该承担的义务，以至于妨碍了债务管理办公室充分利用当天的投资机会，中央银行应该给予财政部适当的补偿。

为应对难以预料的国库现金流的波动，及时解决可能阻碍它们实现其现金管理目的的一些困难，法国债务管理办公室和4家商业银行签署协议，规定在必要时为债务管理办公室提供隔夜贷款。因为这样的贷款交易通常发生在正常的市场途径关闭之后，因此需要成员国中央银行协助来完成这些交易，债务管理办公室向欧洲中央银行支付一定利率的利息。

（三）西班牙国库现金管理

1. 国库单一账户管理。西班牙中央银行为政府设立国库单一账户，在商业银行的政府存款账户仅限于为收缴税收而开立的临时账户和为位于边远地区的一些支出单位开立的小额账户。20世纪80年代以来，预算执行以一体化信息系统为基础，并通过这一系统将支付申请传至财政部。

2. 1992年之前的国库现金管理。长期以来，对财政部而言，现金管理不受重视。因为传统上允许财政部在相当宽松的限制下不付任何成本从中央银行账户中透支。而且事实上，财政部在中央银行账户中从未有过净现金余额。现金流预测工作通常由各支出机构负责。

政府现金流是货币政策决策时需要考虑的一个问题，尤其是1978年后，中央银行开始每日确定银行储备金额和货币市场公开干预。为此，中央银行开始准备政府现金流预测，并得到财政部国库部门员工的支持。然而，从货币政策角度出发，政府现金流预测准确度不高。

3. 1992年之后国库现金管理。1992年以来，法律禁止财政从中央银行借款，并引入了按货币市场利率确定国库现金余额一定数量的回报。这导致了国库部门从事额外借债，增大设在中央银行的政府资金账户上的正现金余额，而现金流预测工作依然如故。当时，国家向中央银行透支，却根据政府现金流的波动状况归还所欠资金，这种现象在欧盟国家普遍存在。当欧元区于1999年成立时，所透支的资金全部被冻结。在西班牙，共冻结了100亿欧元的资金，要求按照事先达成的时间框架逐步归还。目前，西班牙在本国的中央银行中存有盈余资金。国库现金余额的绝大部分，都被及时投资于银行体系内。国库现金余额也可以贷给私人部门，西班牙采取抵押贷款的方式，通常以政府债券作为抵押物。

在融借资金方面，西班牙倾向于采取较长期的借款方式，最短的债务工具通常是6个月国库券。但是，每月财政部都会拍卖它的预期现金余额，比如，以政府债券为抵押的隔夜逆回购，各市场交易成员可以拍得一部分资金。中标方可以按照中标的比率获取下个月每日现金余额。这样做可以较好地防范风险和降低成本。此外，西班牙国库部门从来没有采用商业银行存款或者是其他短期贷款战略。

1999年以来，货币政策不再由西班牙中央银行而是由欧洲中央银行来执行，采用了一些不同于西班牙的技术，欧洲中央银行对各国政府存款的不稳定性抱怨甚多。因此，西班牙国库部门正在向更积极的现金管理方向发展，准备采取短期市场运作方式管理国库现金。

（四）希腊国库现金管理

希腊国库现金管理的基本做法是以各用款单位每个月提前编制的以日为单位的用款计划为基础，提前若干天对库款的变动情况做出预测，并根据预测结果采取相应措施平衡国库资金。如果预计库款不足，则采取市场化运作方式筹集资金；如果预计库款有余，则主要通过存入以招标形式确定的商业银行来获取利息。在此操作过程中，主管部门会在预计支出数额上再加适当金额，为可能发生的特殊情况和预测偏差留出一定余地。如出现盈余，则通过赎回等方式加以调整。

1993年《马约》生效后，希腊经济与财政部不能向中央银行借款，实行"财政存款计息，银行服务收费"的新制度。经济与财政部和中央银行之间每年结算一次佣金，每半年结算一次利息。中央银行的国库账户中，500亿欧元为无息存款，其余部分计息，利率通常相当于欧洲中央银行的边际贷款利率，也就是说，欧洲中央银行发放给各成员方银行两周的贷款利率（当成员国银行出现流动性不足时），这一利率要比各成员方银行在正常情况下获得的欧洲中央银行贷款利率高一个百分点。随着希腊政府不断努力提高现金管理效率和减小政府存款的波动性，近来希腊政府选择将部分国库现金余额以定期存款的方式存放在商业银行中。

（五）瑞典国库现金管理

瑞典是欧盟成员，但不是欧元区成员。1994年后，为摆脱公共财政状况的不良局面，瑞典推行了一系列整合财政和改进预算管理的方案，加强对国债、国库资金的管理①。

---

① 参见财政科研考察团：《瑞典国库单一账户的管理》，载于财政部科研所的《内报》2002年第13期。

1. 国库现金管理机构设置。瑞典设有国家债务办公室（SNDO）作为政府的财务管理机构，接受财政部的监督，负责控制财务风险，具体管理国库业务。其职能表现在三个方面：一是以尽可能低的成本发债和管理中央政府债务；二是为国家重点项目提供担保和贷款；三是充当政府机构的内部银行，预测中央政府借贷需求，实施国库现金管理。

2. 国库单一账户管理。国库单一账户下的开户银行由政府公开招标确定，目前有四家开户银行可供选择，实行"存款计息，服务收费"制度，而在中央银行国库账户中的资金则不交服务费。在国库单一账户体系之外，各部门没有其他账户，所有资金通过单一账户进出。国库账户日终盈余与赤字都通过市场运作来轧平。如果支出大于收入，债务管理办公室发行国债筹集所需资金；如果收入大于支出，债务管理办公室将资金投放市场借贷出去。每天银行关门时，单一账户的余额要控制为零，即单一账户没有隔夜头寸和"库底"资金。

3. 国库现金流预测。为保证国库单一账户实现日终零余额，债务管理办公室需要准确预测政府每日的资金需要量和现金流量净值。债务管理办公室以批复预算、历史经验和来自各部门的信息为依据，定期发布对政府资金需要量的预测，包括年度、月度和每日预测，并及时进行调整。

4. 债券发行与现金余额投资的市场化管理。根据法律规定，债务管理办公室不允许直接向中央银行借款，但特殊情况下可以由其他银行作为代理人向央行借款。通常，当国库账户中出现赤字时，债务管理办公室发行国债从市场上筹集资金。主要债券工具有：中长期政府债券（占28%）、短期政府债券（占21%）、与通货膨胀挂钩的债券（占11%）、住房借款（占5%）、短期融资（占2%）、外币借款（占34%）。短期债券的发行随资金需要量的月度变化而定，期限通常为 3~12 个月，在每月的第二周进行电子拍卖。除此之外，还临时发行期限较短的债券（通常为 2~6 周）。其他的短期融资工具还有短期资金拆借、回购协议等。当国库单一账户出现盈余时，债务管理办公室不是将盈余资金存入中央银行，而是直接参与货币市场交易，将资金贷放给商业银行及其他私人部门，或存入别的商业银行，实现财政资金的增值。

为做好国库现金管理工作，瑞典政府特别注重强化国库风险控制，改进预算程序、加强财政控制、实行多年度预算制，建立发达的财政管理信息系统，允许各部门从下年度拨款中借取资金（3%为限），允许未使用拨款跨年度结转，在政府预算中引入权责发生制，建立完善的法律法规。

四、澳大利亚国库现金管理

（一）国库现金管理的机构设置

20 世纪 80 年代以前，货币政策管理与政府债务管理之间关系密切，主要为了保护固定汇率。1980~2000 年，货币政策与债务管理出现了明显的分离，澳大利亚在全国持续不懈的推行财政管理制度改革，每一次改革都建立在前一次改革的基础上，完善了国库管理制度（详见图 3-2 和图 3-3）。

1999 年，澳大利亚在财政部下成立了财务管理办公室（Australian Office of Financial Management），专门负责债务和现金管理的操作职能，为国库部门领导和财政部长提供建议。财务管理办公室的目标是增强中央政府管理净债务的能力，减少债务成本，提高中央政府的资本净值。财政部赋予财务管理办公室管理债务的相关职权。财务管理办公室在具体操作管理上具有相对的独立性，但是必须接受政府政策、风险偏好和更宽范围的公共政策的限制。

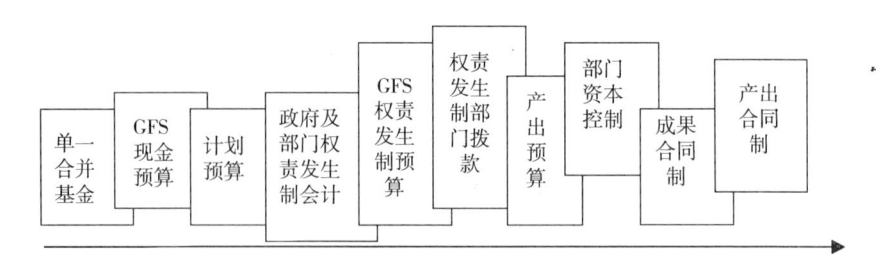

图 3-2　1980~2000 年澳大利亚会计/预算改革过程

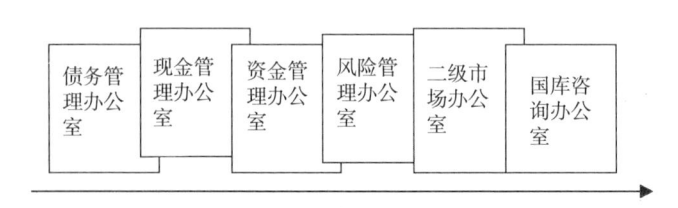

图 3-3　1980~2000 年澳大利亚国库改革完善过程

财务管理办公室与国库部一样,都同财政与管理部(简称为财政部)有着重要的联系。财政部负责管理政府存款及其核算,包括设在储备银行下的主要政府账户。因此,与国库现金管理有关的机构主要有四个:一是储备银行,为政府部门提供银行服务,负责管理财政部的存款账户,同时还是财务管理办公室的代理机构;二是财务管理办公室,是现金管理者,负责发行国库券与现金盈余的投资管理,管理储备银行下政府账户中的现金流,负责预测政府现金流的具体工作(财政部和国库部不负责这项工作);三是财政部,负责安排国内国库现金流管理的基本框架,授权政府机构与部门实现资金支付和收缴,负责管理储备银行下的政府存款账户;四是国库部,负责宏观经济管理,并为提高预算管理水平提供建议,为财务管理办公室的操作活动制定政策和制度框架。

(二)国库现金管理的内涵与目的

与英国一样,国库现金管理活动指的是中央政府层次上的管理活动。澳大利亚国库现金管理的目的在于通过控制现金收支，将联邦政府借款降至最低，使盈余现金的投资从总体上得到最佳回报。实现这一目的的基本做法是减少每天的现金持有量。

目前，澳大利亚的国库现金持有量约为联邦政府总收入的1%。之所以能达到这个比例，最重要的是各部门对现金使用的准确预测，因为现金持有量的大小取决于部门对现金预测的准确程度，如果预测不准确，就有可能发生从货币市场借入资金来支持现金需求，这个成本将是十分巨大的，因现金缺口而借入资金的成本通常要高于头天晚上投资该笔资金的回报率。此外，还要加快税收征收过程，将高成本的债务降到最低，从而提高部门内部的资产回报率。

各州政府作为独立的实体，拥有自己的财源及相应的管理责任。各州政府设有自己的国库部门和现金管理机构，有些州政府在储备银行下有存款资金。现金管理在各部门之间也存在一定差异，按照财政管理和会计责任法案运作的有国防部、卫生部等80个部门，它们的现金持有量由财政部进行合并管理，但其本身还有投资和借款权利，但要通过财政部核批才行①；还有一些联邦政府部门和联邦企业，共有100个，这些机构在管理上高度自治，它们持有的现金量不由财政部合计，而是由自己全权负责投资和运用。

（三）国库单一账户管理

1999年7月以来，所有政府机构需要建立与完善各自的银行

---

① 财政部负责管理与运作联邦全部现金，制定相关政策并与银行达成协议，达到控制部门现金流量的目的，负责对联邦现金进行预测，制定措施激励部门管理，发挥整体优势。各支出部门对现金的管理完全是商业行为，各部门可以采取灵活多变的经营方式，如借款、保留经营所得、盈余现金投资，并根据市场情况确定商品和劳务价格等。

账户及支付管理办法。在此以前，国内交易的银行服务只有储备银行能够提供。现在，各政府机构可以自主选择银行服务的提供者，以最低成本与最高服务质量的方式满足各自的需要。提供服务的银行需要遵循一定的协议，这有助于高效开展国库现金管理活动，并有助于避免出现闲置的现金余额。协议的中心内容是，要求各机构在商业银行下的存款余额在每日终了时集中到储备银行下的国库账户中去。

政府收入账户中的资金余额，每天都需要集中到储备银行下的一个官方收入总账户（Official Consolidated Receipts Account）中。这些资金不需要在第二天归还原商业银行（与部门自营业务有关的收入在支付之前一直保留在部门账户之中）；各机构或部门支付账户中的资金余额，在每日终了时集中到储备银行下的隔夜账户中（Official Overnight Account），第二天早晨再将资金转回各商业银行下的原账户。如果各机构或部门支付账户在日终时出现现金赤字，则需要从储备银行下的隔夜账户中提取资金，并需要于第二天早晨将资金悉数返还。

官方公共账户（Official Public Account）中的资金，可以根据各政府机构的资金计划，在需要的时候转移至商业银行账户中去。一旦需要这样做，就可以允许相关的商业银行完成这项交易。对管理与行政方面的支付而言，参与交易的商业银行必须借记机构的官方账户，贷记资金接受者的账户，并且要在当天完成清算。所有的资金交易，包括发行债券、利息和红利的支付、财务管理办公室在货币市场上的交易等，都必须通过官方公共账户来完成。

各部门与机构可以在议会批准的限额内提取资金，而且需要考虑包括折旧和自然增长性支出等因素。但是，2003年7月以后，各机构不得因非现金支出需要（如折旧）提取现金。正式的批准仍然需要以权责发生制为基础，不得因非现金支出需要提取现金，但是各机构可以从财政部获取到一项资产所有权声明。当该机构需要支付现金时，可以将这一资产转换为现金。尽管财政部负责管理各机构提取现金及其资金余额，但不具有现金支付的优先批准权。现金只允许提前一天或在当天才能提取，但在实际工作中存在一种制度安排，允许各机构在资金不足时透支。各政府机构和部门按照商业化模式以效益为导向运作，及时实现各自承担的义务，在合适的时间收缴税收收入和实现支付。各部门及其机构要提供本预算年度和下一预算年度的月度现金流预测报告，还需要及时报告实际现金流状况，使实际现金流入和流出与预算分配计划尽可能一致。

（四）国库现金管理的主要做法

1. 部门现金余额管理。1999 年 7 月改革之后，为了鼓励各政府机构重视现金流管理，允许各政府机构根据部门账户中的资金余额收取利息（如果透支，则需要支付利息）。由于一些原因，2003 年 7 月中止了这种做法。但是，1999 年改革方案确实产生了重要的影响。在 1999 年激励框架下，各政府机构可以根据隔夜资金余额的大小收取利息，还可以存放定期存款收取利息。这一做法促使各机构更加及时地支付与收缴资金，准确预测现金需求和有效管理支付义务，实现利息收入最大化与透支成本最小化。2000 年 7 月以来，各部门在商业银行开设的账户中的资金盈余总额已经赚取了 2% 的利息。[①]

根据制度安排，每日终了时各商业银行下的政府账户要保持零余额。各部门与机构不能同商业银行协商利息或透支期限等问

---

① 当各支出部门和政府机构需要向商业银行透支资金时，需要支付高于市场利率的利息。

题,也不能违背政府账户资金管理的制度安排。各部门资金的定期存款是管理上的安排,而不是正式的投资行为,由储备银行代表财政部管理。对部门盈余的资金而言,各机构可以选择1周至1年不同期限的存款;向各机构支付的利率参照市场利率确定;如果机构不能遵守存款协议,则需要支付一定数额的罚金。这一激励机制的建立,还可以限制透支行为。部门账户中出现赤字时的透支利率,与财务管理办公室向储备银行透支的利率一样。如果政府机构需要提前支取定期存款,则需要支付与透支利率相同的惩罚性利息。现实中,各部门与机构很少出现透支行为。在每个工作日终了时,各机构在商业银行下的账户中总是保持资金盈余状态。

尽管各部门与机构根据现金余额的大小收取一定数额的利息,可以激励它们高效地管理各自的现金,但这一制度安排从总体看对政府不利。尽管协议要求各机构在支出需要前一天或需要时才能提取现金,但各机构还是倾向于提前支取现金。这主要是因为按照自然增长率控制预算收支,而且经常会出现各机构的现金需求低于限额的情况。此外,各机构也能够积累一部分现金盈余,因此没有必要违反财政部的规定[①];这一激励机制也意味着各部门或机构努力方向的转变,把其关注的重点放在了国库支出方面。实际上,高效的管理政府支出与收入收缴同样重要。正是由于这些原因,这一激励机制在2003年7月被修订。之后,定期存款工具被禁止使用,各机构也不再根据各自资金余额的大小收取利息了。

2. 政府现金余额管理。在每个工作日结束时,各部门及其机

---

① 就官方公共账户中的现金余额而言,这部分资金不会增加政府的借款需求,因为财务管理办公室的操作目标是控制官方公共账户中的净余额状况。

构的现金余额都要集中到中央银行下的政府账户中去。官方公共账户是汇集各部门现金余额的单一账户。财务管理办公室就是以这些汇集起来的资金为操作对象来开展现金管理的。

澳大利亚国库现金管理的工具主要是发行国库券、盈余资金在中央银行的定期存款投资。财务管理办公室使财政部在储备银行下的账户中的资金余额维持在最小规模，大约是10亿澳元（约合6.5亿美元），以应对现金流波动以及预测偏差等带来的风险。财务管理办公室现金管理的年度目标，就是要将财政年度末（6月30日）的储备银行下的现金总余额（包括定期存款）控制在15亿澳元之下。财务管理办公室在储备银行下的定期存款的期限设计，通常与政府现金需求的波动协调一致。定期存款最好是在政府出现大规模的现金需求时到期，这样就可以"熨平"这一阶段的现金流波动。如果需要，定期存款可以提前支取。

国库券是政府开展流动性管理的传统工具。通常是发行1月、3月、6月期限的国库券，还可以发行其他期限的国库券和根据现金需要开展回购交易。一年之中，国库券发行呈现出明显的季度性特征，反映出税收收入季度性变化模式。国库券采取竞争性招标方式发行，由储备银行管理，招标之前需要公布正式的招标通知，招标完成后即进行清算。过去，财务管理办公室总是试图维持固定的、每周发行国库券的模式，已发行的国库券最小总规模维持在30亿澳元，以改善市场流动性状况。但是，现在随着总资金需求的急剧下降，有时候财务管理办公室不需要发行任何债券，已发行的债券总额也随之下降。

尽管财务管理办公室在储备银行下设有缓冲性质的账户，储备银行还是为其提供了透支便利，通常是在难以预测或出现大量现金赤字时才向储备银行透支。国库部与储备银行之间签有协议，严格控制透支行为，并且要按照市场利率支付透支利息。因此，透支不经常被使用，而且会在下周发行国库券之后归还所透支的资金。

3. 国库现金流预测。财务管理办公室负责提前 12～18 个月预测每日现金余额的情况，并以此为基础估计每日的现金需求。每日的现金预测工作主要包括以下几方面内容：一是澳大利亚税务办公室每月提供税务收入预测，财务管理办公室利用建立在历史经验数据基础上的分析模型，将月度税务收入预测分解成每日收入预测；二是各政府机构提供各自的用款计划，通常提前 1 个月完成。财务管理办公室以此为基础，并参照历史经验和已批复的预算，得出每日总的预测结果；三是设有经常性或非正式的渠道，获取来自各政府机构与财政部对以前预测结果的修正与调整；四是财政部和财务管理办公室需要详细了解自己的现金流，比如债券发行与兑付。为了实现预测偏差最小化，财务管理办公室和储备银行每月都要磋商并寻求在现金预测结果上的协调与一致。

4. 与货币政策之间的相互协调。澳大利亚储备银行的职责由法律做出明确的规定，即确保中央银行的货币与银行政策可以最大限度地增进澳大利亚公众的福利，最大限度地保持货币稳定、充分就业和经济繁荣。货币政策的主要工具是影响短期市场利率，特别是货币市场的隔夜贷款利率（又称为现金比率[①]）。储备银行通过公开市场操作影响现金比率的变化，还可以通过控制银行之间清算资金的供给，来实现对现金比率的控制。在澳大利亚，不要求各银行机构设立储备金。储备银行的操作重点是建立

---

① 澳大利亚的情况与英国的情况相同。短期利率的变动迅速带来整个利率结构的变化，这就会反过来影响经济活动和通货膨胀，尽管这种影响要滞后一段时期才能显现出来（参阅《关于货币政策》，澳大利亚储备银行网站）。

一个合适的价格,而非流动性资金的数量。比如,储备银行的操作试图影响现金比率,而非基础货币。

银行清算资金的规模大小,取决于储备银行和银行体系之间的交易。这些交易源自以下途径:储备银行下政府账户中的资金状况,这是影响银行清算资金量波动的主要因素;储备银行开展外汇交易的状况;储备银行每日开展的公开市场操作,90%采取以中央或地方政府债券为抵押的回购交易;各银行机构从储备银行购买的银行票据。

储备银行往往以影响现金比率为指导思想来开展管理活动。除极少数政策发生了变化的情况下,储备银行操作的目的总是要维持现金比率的稳定。储备银行预测银行体系内的资金变动状况,邀请市场成员参与回购交易。各银行以收益率为投标对象,但是储备银行会买进或卖出足够的债券,来保持现金比率始终处于优势地位。如果需要的话,在当天还可以开展第二轮的交易。政府资金状况的变化对储备银行的资产负债表有重要影响。与政府在储备银行持有存款相对应,储备银行持有中央政府债券。实际上,中央政府的资产负债表由于过度借债而被虚胀,这样使得风险从财政部转移到储备银行[①]。由于收益率曲线呈向上倾斜的态势,这在某种程度上使利息收益也流向了储备银行。

五、巴西国库现金管理

(一) 国库管理的机构设置

巴西中央银行建立于 1964 年,财政部国库秘书处成立于

[①] 很难具体地判断转移风险的大小。储备银行持有的大部分政府债券被用于短期回购交易。如果储备银行通过使用外汇储备来管理国内市场上的流动性,这一问题会更加复杂化。

1986年。1988年，国库单一账户在中央银行下建立起来。所有政府收入与支出、债务管理账户下的资金与准政府部门和公共机构的资金都纳入国库单一账户管理。通过建立国库单一账户，清理了5000多个政府账户，改善与提高了监控、控制、报告政府现金流的水平和效率，国库获得了与中央银行投资收益相当的利息率。

国库下主要的债务管理机构也发生了变化。1999年，国库秘书处下成立了公共债务办公室，由后台、中台和前台三部分组成。其中，后台负责管理内、外债的登记注册、控制、支付和会计核算等工作；中台负责制定中长期战略、设施风险管理、研究宏观经济形势和投资者关系；前台负责设计与实施国内市场发行债券的短期战略。此前，内债与外债分开管理。新的机构成立后，开始统一内债与外债管理，实现了操作控制的标准化，可以有效地开展风险管理，实现了长期战略与短期计划的分离。

巴西政府债务管理的基本目标是在有效控制债务风险的前提下实现长期债务成本最小化。此外，还有一个目标则是采取措施完善与发展国内债券市场。逐步用固定利率债券取代浮动利率债券，增大固定利率债券发行量，是减小市场风险的重要步骤。但是，改变债务结构、提高固定利率债券的比重，与公共债务办公室适度控制再融资风险相矛盾。因此，目前仍然对长期、固定利率债券做出一些限制性规定。为促进债务结构的转变，公共债务办公室试图完善与发展二级市场，采取的措施主要有：完善利率的期限结构；金融工具标准化；实现浮动利率债券之间的可互换等。

（二）国库现金管理的法律框架

与债务和现金管理有关的法律主要有：《巴西宪法》对公共债务做出了限制性规定；《财政责任法》是财政政策的规章制度；

《预算指导法》规定了预算年度内借款总额不得突破规定的限额。此外，外债借款最高限额由议会做出明确规定。

《财政责任法》是各级政府财政管理的重要依据，这一法律为联邦政府及地方政府建立起财政标准和程序，制定了公共管理的计划、控制、责任和透明度等基本原则。法律规定，各政府行政部门应该制定合适的财政目标，采用合适的技术手段管理账户资金，减少财务风险。

《财政责任法》正式界定了政府债务管理的作用和职责。内、外债管理由财政部统管，财政部下设国库，包括秘书处和公共债务办公室。所有与债务管理有关的法律法规必须公开，包括一级市场和二级市场的法律法规以及政府债券交易结算清算协定等。《财政责任法》还强化了被巴西称为"金律"的规定（巴西宪法第167款第三条），即政府的借款数额不得超过资本性支出的总额。政府只能为筹集资本性支出发行债务，除年度预算规定除外，不得为经常性支出发行债务。

如果实际收入低于预算预测数额，必须同幅度地消减支出规模。例如，预算收入总额为 R＄X，而实际收入为 R＄X 的 80%，那么就要消减政府支出规模与低水平的税收收入相适应。尽管预算由国会审核通过，但国库秘书处拥有唯一的调整政府支出顺序的决策权，可以不考虑必须与税收收入水平相适应。

需要特别指出的是，《财政责任法》从 2002 年 5 月起开始禁止中央银行在初级市场上发行自己的债券。在此之前，财政部和中央银行都可以在初级市场上发行事实上性质相同的债券，造成了不必要的竞争，增加了货币政策与财政政策以及债务管理政策之间的协调难度。

（三）国库收支与现金余额管理

1987 年，巴西建立了一项制度，实现联邦政府财政一体化管理，将5000多家政府机构的支出管理联系在一起，财政部负责这一制度的管理与控制。实践中，一旦总统签署国会已经审核通过的年度预算法案，预算执行机构需要在30天内按照预算要求编制财务计划，并遵循《预算指导法》规定的财政目标为各预算单位制定通过中央银行下的国库单一账户的分月用款计划。

政府的所有现金余额存放在中央银行下的国库单一账户中，并由财政部负责管理。国库单一账户由两部分组成：一是经常性政府收支账户；二是债务管理账户。债务管理账户中，财政部保存足够的现金储备以维持充分的流动性，以减小在临时性或极其不利的条件下发行债务的风险。现金储备金额没有固定的目标，其大小决定于财政部结合金融市场及其他因素对风险的估计。因此，债务管理账户中的现金余额经常波动。在年初可能是250亿雷亚尔，而在6月末会增加至600亿雷亚尔。尽管没有固定的目标，现金储备的规模通常相当于两个月的现金需要总量，包括归还到期债务所需的资金总量。

经常性政府收支账户中的平均金额颇为可观，并且每天都有变化。各个支出部门和政府机构按照法律规定在这一账户中存放一定金额的资金以满足日常流动性需要。总的来说，这一账户中的资金采取了相对保守的管理方式，以保证能从容地应对可能出现的较大的预测偏差和政府收入出现较大幅度的波动等异常情况。

无论是经常性政府收支账户还是债务管理账户，都没有精确的调节机制。为了避免债务管理账户可能出现的再融资风险以及经常性账户中可能出现的难以预料的收入波动带来的风险，现金储备金额保持着较大的波动幅度。当财政部出于现金管理目的而决定调整债务管理账户或经常性账户中的现金储备金额时，一般是通过调整国库券的拍卖数量或发行现金管理债券。中央银行作为代理机构负责完成国库券的拍卖工作。

财政部与中央银行之间建立起广泛的联系。两个机构的工作人员定期召开会议，在当前和未来一段时期内的政府资金流动性需要方面实现信息共享。财政部每月都要向中央银行提供未来一段时期内的收入和支出的详细安排。有时，每周甚至每天都要向中央银行提供这方面的信息，具体是按周报告还是按日报告，取决于收支规模或收支波动情况。

（四）国库现金管理与货币政策的相互影响

尽管公共债务决策是财政部的职责，但也需要提前征求中央银行的建议与意见，以调节债务政策对货币和汇率政策的影响。货币政策的基本目标是控制通货膨胀，中央银行的基本工具是公开市场操作，最常用的是回购和逆回购。从2002年5月起，财政责任法禁止中央银行发行自己的债券，1988年联邦宪法禁止中央银行为财政部提供借款，但是允许中央银行从二级市场上购买债券。所以，目前最主要的货币政策工具是以国库券为对象开展公开市场操作。国库单一账户中的资金变动，是影响中央银行资产负债表变动的最大因素。如果中央银行预测某天的政府现金流入或流出会影响货币市场利率，那么中央银行会通过回购或逆回购进行干预。

六、国际经验总结与借鉴

从前述内容我们可以看出：尽管各国具体的管理模式都有所不同，但总的来看，还是具有一些共同的特征。仔细分析各国管理模式的异同，可以为我国开展国库现金管理提供重要的借鉴意义。

（一）国外国库现金管理的经验总结

国外国库现金管理的成功经验主要体现在以下几方面：

1. 将政府资金集中于国库单一账户。建立国库单一账户体系，实行国库集中收付制度，将政府资金集中于国库单一账户，是开展国库现金管理的前提条件。

2. 具有发达、成熟的货币市场环境。美、英等国的货币市场都经历了上百年的发展，市场参与者多，交易品种丰富，市场流动性强，为开展国库现金管理提供了良好的市场环境。

3. 准确、科学地进行财政收支预测。根据财政收支运行规律，结合经济运行态势分析，准确、科学地预测现金流，是确定发行短期国债时间和数量以及其他现金管理措施的前提与基础。

4. 改善国库现金流入与流出。改善国库现金流是国库现金管理的重要内容，其核心思想是尽可能的加速资金入库、延缓资金出库，从而提高政府资金的效益。

5. 定期均衡地发行短期国债。发行短期国债是平衡年度内季节性国库收支余缺的主要途径，为财政部开通了规范化的市场融资渠道，并有利于货币政策的制定与实施。通常，短期债券是定期发行的，季度内每月发行额度大致相同，这便于投资者决策和形成稳定的预期；季度发行总额度有所不同，主要是根据季度国库收支预测而决定的。

6. 开展国库现金余额的日常管理。其要点在于将国库现金余额维持在最低水平；当国库现金出现盈余时，将现金余额用于投资，获取最大收益；国库现金不足时，通过适当渠道筹集资金，确保政府的日常现金需要。现金余额管理主要通过商业银行存款、货币市场运作、商业信贷等途径来实现，是国库现金管理的核心内容。

7. 国库现金管理操作与货币政策的协调一致。国库现金管理需要中央银行的密切配合，中央银行制定和实施货币政策也需要财政部的密切配合。建立专门的财政与央行工作协调委员会或松散的经常性沟通渠道，加强双方交流、磋商与合作，确保政府各项政策的协调执行。

8. 依法开展国库现金管理的各项活动。美国开展国库现金管理的重要特征，是先立法、后改革，依法行事。国会在1982年通过《促进支付法案》，1984年通过《消减赤字法案》，1990年通过《现金管理促进法案》，1996年通过《债务收缴改良法案》。英国债务和现金管理的主要法律是《1998年财政法》和《稳定财政发展法》，国库管理涉及的所有部门、各种国库管理活动也均有法可依、依法行事。

（二）国外做法对中国的借鉴意义

仔细分析各国管理模式的异同，可以为中国开展国库现金管理提供诸多重要的借鉴意义。

1. 尝试开展国库现金管理。目前中国还没有全面开展国库现金管理。当国库现金较多时，大量现金会沉淀在人民银行国库账户上，造成资金闲置浪费；当国库入不敷出时，往往是靠发行中长期债券予以补足，筹资成本高而且灵活性差。为了尽可能地提高国库现金的使用效益，降低政府债务筹资成本，需认可货币的时间价值和现金的机会成本，及早在全国开展国库现金管理。

2. 选择适合国情的管理模式。各国管理模式不完全相同，尤其是美、英两种典型模式差异明显，其根本点在于各国具有不同的国情。我国需要根据实际情况，合理选择适合本国国情的管理模式，建立国库现金管理的基本框架，科学界定现金管理的具体目标与主要职能，选择现金余额投资或筹措的操作方式，整合国库现金与国债管理，设立国库现金管理组织机构，建立财政与中央银行的协调配合机制等。

3. 确定最优的改革路径及其重点。各国改革的路径及其重点不尽相同,美国先改支付、后改收缴、再改资金划转,重点放在资金收付、余额管理;而英国侧重于整合国库现金与债务管理,注重与货币政策协调;澳大利亚则从预算会计改革开始,完善债务管理与现金管理。中国应明确未来 10~20 年需要进行的主要改革,确定各项改革实施的先后顺序,消除国库闲置资金,编制现金计划,建立政府现金流短期预测机制;确定国库最佳现金持有量,改善资金收付管理,建立短期国债发行机制,开展国库资金的货币市场运作,整合国库现金与国债管理逐步推进与完善。

4. 修订与制定相关法律法规和管理办法。开展国库现金管理,是财政资金管理制度的重大变革,需要相应修订或制订各项有关法律法规。主要有:《中华人民共和国预算法》《中华人民共和国预算法实施条例》《中华人民共和国国家金库条例》《中华人民共和国国家金库实施细则》《财政总预算会计制度》等法律法规。同时,还需要制定国库资金商业银行存款计息、国库资金货币市场运作等方面的管理办法。

5. 争取其他部门的支持,整体推进各项改革。各国管理活动以完善的预算编制、发达的货币市场体系、先进的政府管理信息系统、合理的预算会计制度等为基础,涉及财政、央行、商业银行、各级政府部门等诸多方面,需要得到相关部门的支持与配合,各项改革协调进行,形成合力。中国开展国库现金管理也对其他相关领域提出协调配合与深化改革的要求。主要涉及:完善预算编制,建设财政信息系统,全面推广国库集中收付制度,改革预算会计制度,建立现代化的全国银行支付清算系统,大力发展与完善货币市场体系,提高各级政府部门及其预算单位的财务管理水平等。

第四章 国库现金管理的模式与比较

一、国库现金管理的主要模式

国库现金管理在美、英等西方发达国家已有数十年的历史。美、英两国国库现金管理在做法上有诸多相同或相近之处。然而,两国国库现金管理也存在着显而易见的差异,是当今世界各国国库现金管理中典型模式的代表。比较两国国库现金管理模式的异同,进而详细剖析两种管理模式差异之根源,可以为我国国库现金管理模式的选择以及活动的开展提供一些借鉴。

（一）美国国库现金管理模式的主要特点

1. 在美国,国库现金管理是指合理使用政府资金资源,以最佳的方式利用国库现金和易变现资源,优化政府财务状况,提高资金使用效益的管理活动。

2. 美国国库现金管理的职能主要有三方面:消除闲置的现金余额、及时存入应收资金、准确及时实现支付。

3. 美国财政部为所有联邦政府资金提供统一基金（consolidated funds）,即国库单一账户。除极其个别情况外,国库持有所有政府资金,并由联邦储备银行代理。在国库单一账户制度下,各政府机构不能持有资金，但仍负责资金的使用以及会计核算等。

4. 以科学分析和预测现金流为基础。美国财政部设有专门办公室负责跟踪政府实际收入和支出，预测未来6个月时间的日现金流入和流出，并根据实际现金流信息进行及时更新。联邦储备银行也预测每日的现金流以及国库账户余额，每天早晨还要以电话会谈的方式同财政部比较预测结果，并决定国库现金账户中用于当天交易的资金数额。①

5. 采取措施改善现金流，尽可能地加速资金入库和延缓资金出库，提高国库资金效益。比如，通过资金电子转账等先进的方式及时收款，通过锁箱法、简化操作程序和分类存款来加速收入货币的处理过程，查找和阻止不必要的提早支付等。

6. 联邦储备银行下的国库账户日终现金余额一般维持在50亿美元左右。根据每天的国库收支预测，当日终现金余额高于50亿美元时，超过这一额度的资金全部存入几家大型商业银行中具有完全担保的税收与贷款账户，由财政部赚取利息收入；当日终现金余额低于50亿美元时，财政部即在当天或次日上午11点以前，从商业银行中的"税收与贷款账户"调入现金补足到50亿美元。

7. 通过发行短期国债平衡年度内季节性国库收支余缺；有时还可以发行现金管理券，其期限与财政预计资金短缺时间一致。

8. 财政部国库现金管理操作与联邦储备银行实施货币政策管理协调一致。比如，库存款资金的增加将会从商业银行体系中抽取储备金，倾向于紧缩银根，需要联邦储备银行通过公开市场操作来进行补偿。

9. 美国国库现金管理的主要机构是财务管理局，它是财政部

---

① The Federal Reserve Bank of New York：Monetary Stresses and Reserve Management, Understanding Open Market Operations, 1997.

的一个部门，负责管理政府财务，包括现金、债务、信用等，具体管理联邦资金支付和收缴、促进联邦机构财务管理、监督政府会计和报告体系等，还负责发布财务管理建议和规定，实现国库盈余资金投资收益最大化和借债的利息成本最小化。

（二）英国国库现金管理模式的主要特点

1. 在英国，国库现金管理主要是指通过发行短期国债和每日市场运作来熨平国库现金流，借以实现政府借债成本最小化。

2. 国库现金管理操作不以利润为目标，不利用自己的优势影响利率，具体目标表现在两方面：一是每个工作日通过市场操作补偿进出国民贷款基金的现金流，实现政府长期融资成本最小化或货币市场贷款收益最大化；二是以低成本、高效率的方式实现信用风险管理，防范债务风险并避免与货币政策相冲突。

3. 英国国库账户由统一基金和国民贷款基金构成。统一基金相当于政府经常账户，国民贷款基金相当于政府借贷账户。如果统一基金出现盈余，盈余资金自动转移至国民贷款基金，以减少借债的需要；同样，如果统一基金出现赤字，也由国民贷款基金为其弥补。国库账户管理遵循的一条重要原则，是要确保所有政府账户的现金余额在每个工作日结束时集中到主要政府账户中去，以寻求国库现金余额最小化，减少政府借债。

4. 以科学预测和监控现金流为基础。预测和监控中央政府现金流是皇家财政部的责任。

5. 通过发行短期国债和货币市场双边操作等途径来管理不确定的现金流动，尤其是大额现金流动，熨平现金流，实现政府债务和成本最小化。英国财政部认为：通过调整流通中的国库券总量可以很好的熨平国库现金周期性变化，在净现金流入的月份，减少国库券数量；在净现金流出的月份，增加国库券拍卖数量；通过逆回购、回购、优质债券的现买现卖、借入和借出现金等货币市场双边操作，随时保证国库支出需要。

6. 英国国库单一账户日终现金余额一般保持在 2 亿英镑左右。根据每天的国库收支预测，若国库账户日终余额低于 2 亿英镑时，通过发行短期债券或卖出或回购所持有的金融工具，筹集国库所需现金。若国库账户日终现金余额高于 2 亿英镑时，通过买入或回售优质金融工具，赚取利息收入。此外，英国现金管理机构还与几家大型清算银行签订了备用透支协议，以应付国库的不时之需。

7. 国库现金管理机构通过同英格兰银行联系、商讨，来确保现金管理操作与货币政策操作不相抵触。比如，国库现金管理机构不在英格兰银行货币市场操作时间，通常是上午 9:45 和下午 2:30，进行国库券投标或临时债券投标，也不会进入被认为与英格兰银行每日回购操作相竞争的贷款交易，还可以发行国库券帮助英格兰银行管理货币市场，在利率决策方面不与货币政策委员会相联系，不对英格兰银行决策作猜测性的判断。

8. 国库现金管理机构、英格兰银行和清算银行在现金管理日终或突发事件处理方面达成协议。16:05 之后出现现金盈余，盈余部分则进入中央银行的清算银行的最新回购；如果出现现金赤字，则从清算银行借入部分资金。

9. 1997 年之前，债务和现金管理一直由英格兰银行负责。1998 年 4 月 1 日，英国债务管理办公室（UK Debt Management Office）正式成立，是英国皇家财政部的执行机构，财政大臣授权债务管理办公室负责债务和现金管理中的操作性决策和日常管理。

（三）美、英国库现金管理模式比较

1. 美、英模式相同或相似之处。一是国库现金管理理念相同，都以认可货币的时间价值和现金的机会成本为基础，通过合理使用国库现金和易变现资源，实现政府借债成本最小化或余额投资最大化，提高资金使用效益。二是国库账户设置相似，都采用国库单一账户制度，将国库现金余额集中至主要国库账户中来。三是国库现金管理基础相同，都重视政府会计记录与核算工作，都以科学分析和预测现金流为基础，都在财政部设有专门机构负责这项工作。四是国库现金余额管理原理相似，都试图将国库账户日终现金余额维持在最低水平，以减少现金的机会成本，将现金盈余用于投资获取收益，通过适当渠道筹集资金弥补现金赤字。五是都强调国库现金管理操作与货币政策操作协调一致，并且现金管理操作离不开中央银行的配合和支持。六是都在财政部门设有专门机构负责国库现金管理。

2. 美、英模式差异之处。一是国库现金管理目的不同。美国国库现金管理目的主要是消除闲置的现金余额、及时存入应收资金、准确及时实现支付；英国现金管理不以利润为目标，不利用自己的优势影响利率，意在实现政府长期融资成本最小化或货币市场贷款收益最大化，防范债务风险并避免与货币政策相冲突。二是国库现金管理重点不同。美国国库现金管理的重点放在现金余额管理和资金收付管理两方面；英国国库现金管理的重点放在债务管理和货币市场管理两方面，不重视资金收付管理。三是国库账户现金余额的规模不同。由于经济、社会差异，美国国库账户日终现金余额为50亿美元；英国则为2亿英镑。四是国库现金余额的投资渠道不同。美国采取商业银行存款的方式获取收益；英国采取买入或者回售优质金融工具以及货币市场贷款等方法，赚取利息收入。五是国库现金缺口的筹集方法不同。美国首先是从商业银行中的"税收与贷款账户"调入现金，其次才是发行短期债券；英国主要是通过发行短期债券、卖出或回购所持有的金融工具、从几家大型清算银行临时透支筹集国库所需现金，以及应对国库的不时之需。六是国库现金管理同货币政策操作协调重点不同。美国侧重于避免商业银行存款变动对货币供给产生的扩张或收缩影响；而英国财政部和中央银行都有货币市场运作活动，其协调重点侧重于避免双方操作产生冲突。七是国库现金管理机构设置不同。美国国库现金管理机构与其国债管理机构分立，国债管理局的设立（1919年）早于财务管理局（1984年），两机构分别承担着不同职能。英国国库现金管理机构与国债管理机构同为一个机构，1997年前，债务和现金管理同为英格兰银行负责；1997年后，开始由新成立的债务管理办公室负责，在债务和国库现金管理中实现紧密而有效的结合。

二、美英国库现金管理模式的差异析源

（一）政治、社会差异

1. 美国国土总面积937万平方公里，人口3.1525亿（2013年），政体实行联邦制，各州拥有较大的自主权（包括立法权），立法、行政和司法三权分立。美国成立200多年来，未经大的危机和战乱，始终笃信"小政府"理念，对自由市场经济普遍推崇，政府制度保持着极高程度的稳定性。美国历史上，联邦政府很少直接影响地方政府的行为，只是侧重于联邦和州政府的分权问题。1965年，联邦政府直接插手本应由城市政府负责的75个拨款项目。之后，联邦政府向州和地方政府的援助拨款不断上升，州和地方政府对联邦预算拨款依赖程度有所增加。

2. 英国国土面积24.41万平方公里，人口6060万（2013年）。英国是典型的资产阶级议会制的君主立宪政体、中央集权型单一制国家，实行三权分立的政治体制，即议会行使立法权、内阁行使行政权、法院等司法机构行使司法权。中央政府集中了

较大的权责，地方政府对某些事项有一定的自由裁决权，但从总体上要接受中央对其实施的种种监控，并在英国基本法中具体规定、划分了中央政府和地方政府的财政职能。

（二）财政管理机构设置差异

1. 长期以来，美国财政部是主管美国财政事务的唯一政府机构，全面负责国家的收入和支出，既承担税收管理又负责预算编制。1939 年，罗斯福总统"新政"后，决定将原属于财政部的预算局（1970 年更名为总统管理与预算办公室）分离出来，归属总统直接领导。由此形成了财政部管理收入与预算执行、管理与预算办公室管预算编制的格局。财政部的具体职责是拟定或者参与拟定国内、国际的财政经济政策，并处理国际财政金融事务；管理国内税赋和关税的征收、国债的发行、政府开支的支付、公共款项的会计工作等。总统管理与预算办公室主要职责是管理行政预算系统，向总统提供建议，为总统完成准备提交国会的年度预算草案，按项分配预算资金并监督预算的执行。此外，联邦储备系统受托管理国库，是财政政策的执行机构。

2. 英国财政部创立于 12 世纪初，最初只是王室机构的一个组成部分，其职责也只是为国王谋取收入。随后，由主管税收而变为规划支出；现在，财政部则成为一个指导和监察机构，并不负责收入和支出的实际过程。英国的财政体系属于复合型结构，由以财政部为核心的多个政府机构组成。财政部主要负责编制和审查准备提交议会的财政预算，对其他政府部门进行财政监督，控制财政支出，研究制定财政、金融政策及协调各项经济政策，实现政府既定的经济目标。

财政收入和支出的实际执行由下述一些独立机构承担：政府收入机构包括关税和消费税局、国内收入局和王室领土监督局；主计大臣公署是政府的支付机构，充任除收入机构以外的政府各部门的付款代理职责，支付公职人员的工资津贴；稽核审计署是财政监察专职机构，负责审查国家财政收入和拨款项目，向下院的特别委员会和公共账目委员会提出报告；英格兰银行是英国的中央银行，代理国库账户业务，积极配合财政预算的执行。在与上述银行、税务、审计等部门的相互关系中，英国有关法律明确规定，财政部处于领导地位。

（三）财政管理体制差异

1. 美国实行财政联邦制，是建立在其联邦政体之上的一种财政体制。在这种体制下，联邦政府对于各州的财政管辖权力是相当有限的。只是近年来，由于联邦政府对于各州地方的拨款、贷款和税收补贴数量越来越大，因而实际权利也在扩大。同时，美国实行双重财政管理制度，总统管理与预算办公室负责编制联邦预算，而财政部专职与此有关的预算执行以及其他日常事务，但两者之间没有从属关系，只有在分工合作基础上的相互制约关系。此外，还有国会预算办公室，只负责中、长期预测，尤其是各种财政政策的影响预测，以及向国会提交对联邦政府预算草案的意见。

2. 英国实行分税制财政体制，财政资源大部分集中在中央政府手中，中央级的预算收支占到全国总预算收支的近90%，属于大型中央预算的财政体系。中央政府通过四种手段对地方政府预算实施有效控制：一是地方政府预算经当地议会批准后须报财政部备案；二是通过调节中央对地方的预算补助额度和发放信用许可证，限制其借款贷款等自筹资金能力，从而从资金来源上严格控制地方的财政支出，同时又以此调节不同地区间的差别；三是对地方税进行干预；四是通过审计委员会和律师事务所对地方政府的经费开支进行监督。

（四）中央银行体制差异

1. 美国国会在 1933~1935 年通过了《银行法》、《证券法》和《证券交易法》，使美国银行及金融制度发生了很大变化，金融决策由地方分权走向联邦集权。1951 年 3 月问世的《财政部—联储协议》标志着美联储货币政策决策地位的重新确立。在该协议之前，美联储尤其是它的公开市场委员会，受财政部节制。在 1951 年协议之后，美联储撤销了它对长期利率的支持，开始独立发挥作用，并进而承担起稳定美国经济的部分责任，货币政策的选择由美联储自行决定。

2. 20 世纪 30 年代，有关政府和中央银行之间关系的正统观点是，中央银行应独立于政府，从而牵制政府过渡融资的欲望。英国则不采纳这种观点。在英国，人们觉得政府应该对中央银行推行的政策有最终决定权。英格兰银行总裁蒙塔古诺曼曾说过，英格兰银行"受政府最高权力的支配"是正确的[①]。因此，1997 年以前，财政政策和货币政策的制定与实施都是财政部的职能。

然而，近三十年来，英国经济始终未能摆脱高通货膨胀率和经济增长大起大落的发展状况。1997 年以后，工党政府决定将英格兰银行独立，同时将货币政策制定与实施的职能从财政部移交给新组建的货币政策委员会，以澄清政府和英格兰银行的职责。在新体制下，财政部仍处于宏观经济调控的主导地位，货币政策委员会则处于辅助地位。事实上，货币政策委员会并不是完全独立的，它不能独立决定稳定物价的目标，财政部通过多种方式仍在宏观经济调控中发挥主导作用。

（五）货币调控手段差异

1. 美国货币调控强调公开市场活动甚于其他手段。虽然货币

---

① 邱华炳：《国库运作与管理》，厦门大学出版社 2001 年版，第 349 页。

调控的三个间接手段同时得到运用,但公开市场活动显然占据特殊地位。首先,它是美联储最常用和最积极的货币政策工具。在第二次世界大战之后数十年的货币运作中,贴现率和法定储备率时而被固定,时而受到某种限制,唯有公开市场活动的规模和时间不受限制,成为日常工具。其次,联储货币政策的所有目标,均须借助公开市场活动来实施。最后,在联邦储备体系中的所有机构中,联邦公开市场委员会居于核心地位,对货币政策制定和实施负有主要责任。

2. 英国货币调控重视贴现率手段甚于其他。英国的中央银行也对商业银行定有严格的储备率,但在具体实施中,"英格兰银行从未尝试过将现金比率作为一种杠杆来控制银行的存款规模"[1]。此外,低储备率是英国银行运作的一个特点。由于储备率较低,运用这一手段的作用当然不会太大。

英格兰银行公开市场活动的目的主要有两个:一是"消除公共部门与私营部门之间发生的巨额的间接性资金流动的消极影响";二是"直接代替或控制货币供应增长"。可见,它并不重视这种活动对储备金和利率的效应,公开市场活动仅仅作为"利率政策的一种补充"在发挥作用。[2]

第二次世界大战之前,英格兰银行就把贴现率作为首要货币调控手段。在1981年8月之前,它直接管理官方贴现率,以"最低贷款利率"的形式定期宣布它向贴现市场提供资金的利率或再贴现率,这个利率影响英国银行系统所有商业放款利率。1981年8月之后,英格兰银行不再公布最低贷款利率,改由伦敦清算银行宣布基本利率。这一改变并未使货币当局放弃对贴现率

---

[1] D. Morris, the Economic System in UK, Oxford University Press, 1985, P. 321.
[2] "Monetary Control in Other Countries", the UK Treasury, EPR, No201, April, 1989.

和市场利率的控制。首先,清算银行的活动直接受英格兰银行监督;其次,贴现行①所需资金大部分来自清算银行,少部分直接来自英格兰银行,基本利率是它向清算银行告贷的利率;最后,按照规定,每个"合格银行"都必须将其"合法负债"的4%以抵押方式存入贴现行。在这种体制下,贴现行在很大程度上控制着商业银行的业务活动,贴现率的变化左右着市场利率。可见,无论是借助最低贷款利率,还是借助基本利率,英格兰银行都是通过贴现率来调节市场利率从而实现对信贷和货币供求的调控的。

(六) 简要结论

1. 国库现金管理,以认可货币的时间价值和现金的机会成本为基础,以国库现金余额集中管理为前提,通过详细记录政府收支、科学预测现金流动,试图将国库账户日终现金余额维持在最低水平,减少现金的机会成本,将现金盈余用于投资获取收益,通过适当渠道筹集资金弥补现金赤字,借以实现政府借债成本最小化或余额投资收益最大化、实现与货币政策操作的协调一致,是政府预算管理中预算执行阶段的重要内容。

2. 一国政治、经济和社会状况,是决定一国财政、金融管理体制的根本因素,也是决定一国国库现金管理模式的基础和前提。美国是联邦制国家,英国是集权型单一制国家,国库现金管理模式必然存在重大差异。

---

① 英国的贴现市场由伦敦贴现市场协会管理,该协会由12家贴现行组成,它们是独立的业务机构,并不附属于任何银行和金融机构中,其资金来源主要向结算银行及其他金融机构借入短期资金。商业银行几乎很少直接与英格兰银行进行交易,而是以贴现行为媒介。这种以贴现行为媒介的政策从1825年便沿袭下来。只有在国家出现紧急情况,比如两次世界大战或出现货币危机时,英格兰银行才绕过贴现公司,对银行系统给予直接帮助。

3. 一国财政管理机构设置通常是历史形成的结果。美国国债管理机构设置在先,国库现金管理机构设置在后,从而形成了今天机构分立的局面;英国债务和现金管理职能则一直由同一机构实现,先是英格兰银行,后是债务管理办公室。财政机构设置方式、具体职能不同,国库现金管理模式也必然存在差别。

4. 一国财政管理体制,尤其是中央和地方的财政关系问题,是影响国库现金管理模式的基本因素之一。美国实行财政联邦制,各州在债务管理方面具有很大的自主权;英国实行中央集权型财政体制,地方在债务管理方面几乎没有自主权。这就决定了国库现金管理在同国债管理结合方式、方法问题上,美英两国必然存在明显差异。

5. 一国中央银行体制是影响国库现金管理模式的又一基本因素。美国货币政策决策实行联邦集权,并由美联储独立决定,货币调控手段则主要依靠公开市场操作;英国中央银行在1997年之前附属于财政部,即便是现在仍不能独立决定货币政策,货币调控手段主要依靠贴现率。因此,在国库现金管理同货币政策操作协调方式、重点等问题上,美英两国存在差异也在情理之中。

三、中国国库现金管理模式的现实选择

仔细分析国外管理模式的异同,总结其成功经验,可以为中国国库现金管理的整体方案设计提供诸多借鉴与启示。选择合理的国库现金管理模式,必须立足于中国实际。

(一) 英国模式对中国的适用性评价

英国国库现金管理模式注重货币市场运作。从中国货币市场体系的发展状况来看,尽管货币市场经过了数十年的发展,债券交易和资金结算较为安全,但是我国的货币市场目前仍处于初级

发展阶段，市场体系不完整，短期债券市场发展滞后，政府债券流动性不强，避险工具缺乏，尚无能力平抑国库现金流量及货币供应量波动，无法满足各经济主体短期融资需要。中国完全借鉴英国模式开展国库现金管理尚不具备充分条件。

但是从长远来看，部分国库现金进入货币市场进行市场运作，可以增加货币市场参与主体，有利于提高市场流动性；更有利于财政部形成比较规范的市场化短期融资渠道，增加国库资金投资获利的方式，建立定期均衡的短期国债发行机制，优化国债管理，降低政府借债成本；还有利于中央银行货币政策的制定与实施，尤其有利于中央银行的公开市场操作，可以通过财政与央行在货币市场操作方面的联系，建立起财政与央行的协调配合机制。因此，我国有必要在货币市场上有限度地对少量国库现金进行市场运作，以积累经验与最大限度地发挥其积极作用。

（二）美国模式对中国的适用性评价

美国国库现金管理模式倚重商业银行体系。从中国商业银行体系的发展状况来看，虽然商业银行还存在不少问题亟待解决，但是中国商业银行体系比较健全、完善、覆盖面广泛，而且正在进行积极变革，国有商业银行又以国家信用为后盾，资金安全性较高。如果选择美国模式来开展现金管理，中国已经具备了一定的条件。而且，将部分国库资金存放商业银行计息获利，操作较为简单。因此，中国现阶段可以尝试在商业银行开设国库存款账户，将部分国库现金转移到商业银行系统，进行国库现金管理。

但是，完全模仿美国联邦政府把国库盈余资金存放在商业银行的做法，也非妥善之举。原因是：中国的商业银行仍处于改革过程中，中小型商业银行与四大国有商业银行之间的实力悬殊，如果采取类似美国的做法，四大国有商业银行将以绝对优势取得财政资金的持有权，这在一定程度上不利于商业银行之间的公平竞争和银行业的整体发展。此外，中国商业银行尤其是地方性商业银行的资产中可用于抵押的证券与财政资金相比数量有限，难以实行证券抵押这种安全保障措施，从而无法有效防止财政资金的风险隐患。因此，为保证财政资金的安全、鼓励中小银行发展和加强中央银行的宏观调控，中国还应将大部分国库现金继续保留在中央银行国库账户中。

（三）英、美模式在中国的综合运用

综上所述，我们认为结合本国实际，着眼于长远发展，现阶段中国应综合利用美、英两种模式的优点开展国库现金管理。将部分国库现金存放于商业银行，同时将部分国库现金在货币市场上进行双边操作，将部分国库现金继续存放于中央银行国库账户中。长远来看，则需视中国商业银行改革、货币市场建设的步伐，逐步降低中央银行国库账户中的政府存款规模，扩大存放商业银行或投入货币市场运作的资金比重。

国库现金在货币市场进行操作，其成本与收益取决于当时具体的市场条件与宏观经济的客观需要。对于将国库现金存放于中央银行或商业银行而言，借鉴国外主要发达国家的做法，一般来讲，中央银行国库存款计付利息的标准要低于商业银行国库存款的计息标准，实行差别利率，有助于更好地综合多方面力量发挥最大效益。

除通过上述途径进行国库现金余额的日常管理以外，重视国库现金流管理，改善现金流入与流出，根据宏观经济形势的客观需要，阻止提前支付，以控制国库现金流，也是国库现金管理模式选择中需要考虑的重要方面。此外，国库现金的主管部门在政策决策以及具体操作过程中，还要逐步整合国库现金与政府债务管理，实现与财政政策、货币政策的协调一致。

第五章 国库最佳现金持有量的确定

一、国库最佳现金持有量的定性描述

实践中，国库现金余额按照一定的速度增长、保持较低水平的波动性、通过政府债券融入部分财政资金，都是合乎客观规律与社会情理的正常行为。但是，国库现金余额应保持适度规模，不应过大或过小，并且需要在一定时期内稳定在适度规模上。可以说，国库最佳现金持有量的确定是国库现金管理的重要内容。

（一）国库最佳现金持有量的含义

何为国库最佳现金持有量？简单地说，就是财政部门通过一系列制度安排与具体操作使国库中保持适度规模的现金存量，既满足政府正常的资金需要，同时又不丧失投资获利的可能性，还应避免现金短缺可能带来的损失。

换句话说，就是要正确处理国库现金的安全性、流动性和盈利性之间的矛盾。首先是保证安全性，保证政府行政的物质基础；其次要具备较高的流动性，为政府行使职能提供良好的前提；最后是盈利性，政府作为管理机构没有追求最大利润的可能性及内在动机，但应最大限度地降低成本。

（二）国库现金持有状况的三个良性标志

1. 国库现金余额应保持适当的规模。一般认为，现金资产是非盈利资产，持有现金意味着放弃获利机会。一方面，金融市场的利率越高，持有现金资产的成本也就越大；另一方面，现金短缺则需要及时筹措资金弥补缺口，并要付出一定代价。这就要求合理确定国库账户中的最佳现金持有量。

2. 国库现金余额可以稳定在适度规模上。国库现金余额的波动性过大，意味着财政部门的资金筹措与运用存在着不合理的因素，也会对货币政策管理产生不利影响。这是因为国库资金是社会资金总量中的一个重要组成，存放于中央银行的国库现金余额，构成一国的基础货币，其增加或减少（尤其是大进大出等情况）将影响中央银行调节储备金和利息率的能力，对货币政策制定和货币供应量管理可能产生不利影响。

3. 国库现金余额的确定必须与政府债务管理协调配合。政府债务发行的期限、时机、规模等，是影响国库现金的余额规模、波动性和成本大小的重要因素。单就成本而言，国库现金中债务收入的比重是现金成本大小的决定性因素。尽管发行债务与国库现金余额管理都遵循成本最小化原理，但两者的出发点及其实现途径存在着很大差异，在某些情况下，两者之间还可能存在矛盾与冲突之处。因此，国库现金余额的确定与政府债务管理需要密切协调与配合。

（三）国库最佳现金持有量的确定

实际上，国库资金每天汇入与流出国库，经常会出现收大于支或者支大于收的情况，国库中可能出现一定数量的沉淀资金，也可能会出现短期性、季节性、临时性的资金不足。确定国库最佳现金持有量，首先需要准确、快速地了解国库收入和支出的全面状况（包括历史数据、现实规模、未来预测三方面）；其次需要建立灵活、高效的国库现金筹措机制与投资渠道，在国库收支运动中寻求最佳平衡点。

1. 政府部门要认可货币的时间价值和现金的机会成本，实现国库现金余额的集中管理，详细记录政府收支、科学预测政府现金流入与流出、编制可操作的月度用款计划，将现金支出有效地控制在预算之内、阻止计划外借债、并帮助确认年度内预算调整行为，以加强对财政收支的控制。

2. 以先进的信息技术、财政管理信息系统及全国银行支付系统为支撑，全面、快捷地了解国库资金收支运行状况，及时发现与纠正资金运行中的异常现象，提高财政对国库收支的控制能力与反映能力。

3. 统筹运用科学的计量方法、历史数据的经验分析、未来收支的准确预测等方法，在货币市场上开展高效地投资、筹资管理活动，在国库收支运动中逐渐确定国库最佳现金持有量，确保各支出机构及时获取实施其预算所需的资金、最大限度地减少预算执行中的调整行为，最终实现政府借债成本最小化与国库现金余额的投资收益最大化。

概言之，国库最佳现金持有量的合理确定是预算执行阶段的重要内容，是有效控制财政收支的有力工具，是充分提高国库资金效益的管理活动。

二、国库最佳现金持有量的定量描述

假设国库每天收入 R 元、支出 P 元，日终出现盈余时则用于投资获利，出现赤字时则从货币市场上融入资金，每次有价证券转换为现金的成本为 E，有价证券的日利息率为 K，那么使成本最小、效益最大的国库最佳现金持有量应该是多少呢？从数学的角度考虑，这道题目是可以计算出来的。

在实际操作中，最一般的方法是将特定天数的总支出量作为国库最佳现金持有量，确切的天数取决于国库现金管理人员的经验判断。这种方法在多数情况下都很有用，但精确性不高。准确地计量国库最佳现金持有量，是个复杂的过程。

（一）确定国库最佳现金持有量的基本原理

政府不具备追求最大盈利的内在动机，不能以利润最大化为目标，但是政府行使职能需要以财政资金为物质基础，也需要评价其成本与效益。在任何时间与地点，追求成本最小化都是始终正确的目标。因此，确定国库最佳现金持有量的关键，在于正确处理国库现金的机会成本和短缺成本之间的关系。

具体说，现金持有量越大，其机会成本也越大（如图5-1示）；现金的短缺成本与机会成本相反，持有量越大，短缺成本便越小（如图5-2示）。此外，还要考虑现金管理成本，其一般是一种相对固定的费用，与现金持有量之间没有明显的变化关系（如图5-3示）。总之，从成本最小化的角度考虑，最合理的现金持有量应是总成本线的最低点所对应的横轴上的现金持有量（如图5-4示）。

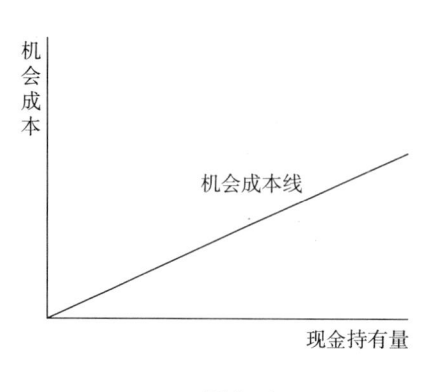

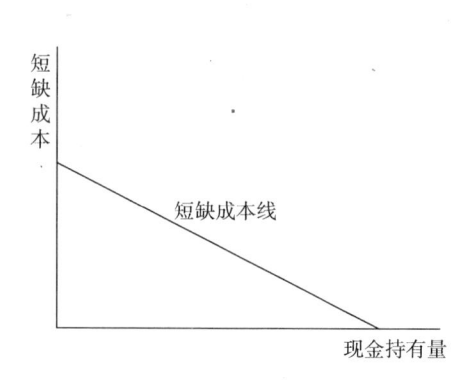

图5-1

图5-2

图 5-3

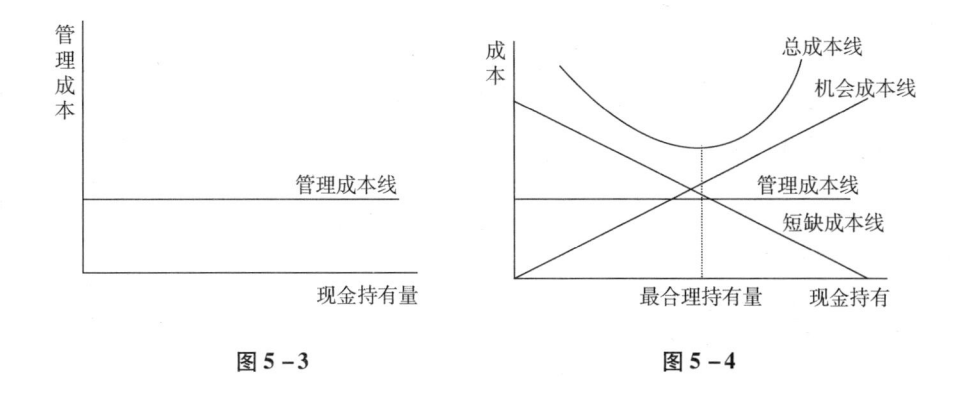

图 5-4

以上所述的是确定国库最佳现金持有量的基本原理。准确、科学地确定国库现金最佳持有量,还需要采用特定的数学计量方法。然而,基本原理指导下确立的数学模型是对复杂现实问题的抽象和简化,其计算得出的结果不可能绝对精确,但有一定的参考价值。

确定国库最佳现金持有量的著名模型有两个:一个是理想状态下的计量模型,该模型由美国鲍莫尔(William J Baumol)教授于1952年提出,又称 Baumol 模型[1];另一个是常态下的计量模型,该模型由米勒和奥尔(Miller Merton H. and Orr Daniel)教授于1966年提出,又称 Miller-Orr 模型[2]。这两个模型都是首先应用于企业现金管理,于20世纪70年代后应用于美国联邦政府现金管理中的最佳现金持有量的确定[3]。

(二)理想状态下的国库最佳现金持有量的确定

所谓理想状态,是指国库在一定时期内的现金收支均匀、稳定,其现金需求量可以预测,短期有价证券可随时转换,并知道其报酬率和每次转换的成本。在这种理想状态下,国库收到现金

---

[1][2] 该模型的原理与推导详见附录。
[3] 托马斯·林奇:《美国公共预算》(第四版),中国财政经济出版社2002年版,第202页。

便可以购入有价证券或存入商业银行，需要时将有价证券或银行存款转换成现金。因此，国库最佳现金持有量的确定，只需考虑现金持有的机会成本与现金转换成本之间的关系（如图 5-5 示）。

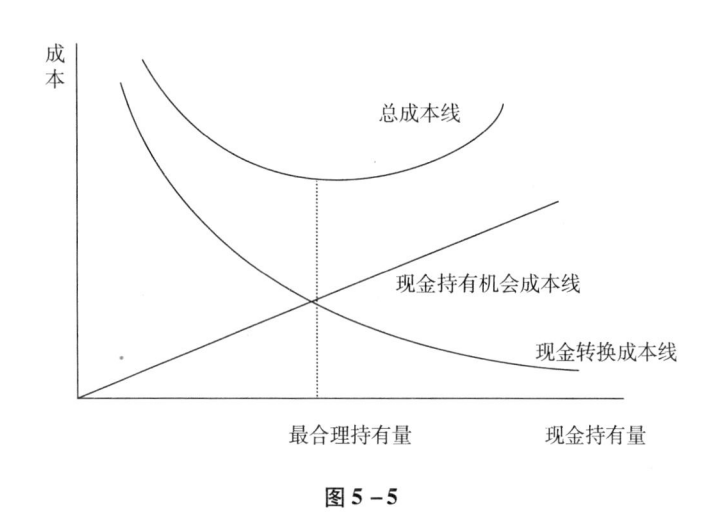

图 5-5

通过图 5-5 可以看出，国库如想既保证政府日常的现金需要，又少付代价，就必须处理好保持日常现金持有量与证券变现的关系。由图 5-5 可得国库最佳现金持有量的总成本计算公式如表 5-1 和表 5-2。

表 5-1 和 5-2 表明：最佳现金持有量是交易成本、年交易量和年利息率的函数，Q^* 与 E、S 呈正相关关系，与 K 呈负相关关系，但不是线性关系。实践中，国库收支总是处于不断变动的状态，理想状态下的计算结果，不会十分精确，但可以此为参照，结合对历史数据的经验分析，正确推断出最合理的现金持有量。

表 5–1	理想状态下的计算公式①
	成本函数：$TC = E\left(\dfrac{S}{Q}\right) + K\left(\dfrac{Q}{2}\right)$
	TC 表示现金持有的总成本；
	E 表示每次有价证券的转换成本；
	S 表示一定时期需要的现金总量；
	Q 表示一定时期的现金持有量；
	K 为有价证券的利息率；
	$\left(\dfrac{S}{Q}\right)$ 表示有价证券的转换次数；
	$E\left(\dfrac{S}{Q}\right)$ 表示一定时期有价证券转换总成本；
	$\left(\dfrac{Q}{2}\right)$ 为现金的平均持有量；
	$K\left(\dfrac{Q}{2}\right)$ 表示持有现金的机会成本。

对上述公式求导，一阶导数为零的点是方程的极值点，我们就可以求出最合理的现金持有量 Q^*。

$$最佳现金持有量\ Q^* = \sqrt{\dfrac{2ES}{K}}$$

表 5–2	理想状态下的计算示例
	预计某市在 1 个月内需用国库现金 10 亿元，假设每天现金收支均衡，有价证券每次转换成本为 100000 元，有价证券年利率 6%，那么本月内国库最合理现金持有量为：
	$Q^* = \sqrt{\dfrac{2 \times 100000 \times 1000000000}{6\% \div 12}} = 2$（亿元）；月内有价证券转换次数为：$\dfrac{S}{Q^*} = 10/2 = 5$（次）

（三）常态下的国库最佳现金持有量的确定

所谓常态，是指国库在一定时期内的现金需求量难以预测、国库收支不稳定的状态。在这种情况下，可以根据历史资料，计算出一个控制范围，即制定一个库存现金量的上下限。当库存现金达到控制范围的上限时，可将适量现金用于投资，减少现金持有量；当库存现金接近控制下限时，便要售出有价证券，增加国库现金存量。

现金控制范围上下限的确定，主要取决于现金的机会成本与

---

① 不同国家或一个国家不同地区的国库现金持有总成本，因制度与市场因素差异而不尽相同。因此，该公式在具体应用前应根据实际情况予以修正。

有价证券的转换成本。假设 H 为上限，L 为下限。图 5-6 中 T1 与 T2 分别表示不同时期。在 T1 时，现金持有量达到上限，应用现金购入（H-M）的有价证券，降低现金存量；在 T2 时，现金持有量低于下限，应售出（M-L）的有价证券，增加现金存量。

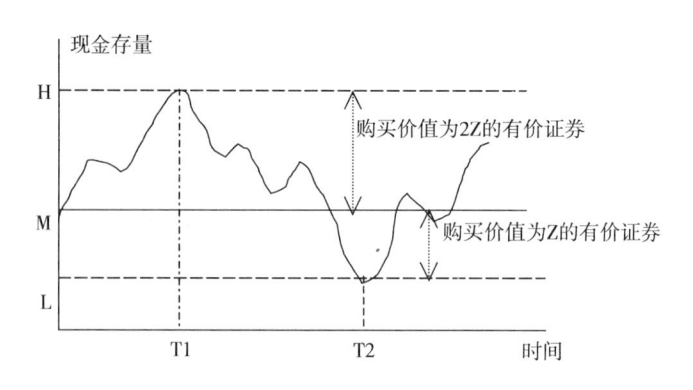

图 5-6

但是，财政部门必须首先根据历史资料测算出一定时期内国库现金波动的标准差，然后才能计算出控制范围内国库现金的合理持有量。计算公式见表 5-3。

表 5-3　　　　　　　常态下的计算公式

成本函数：TC = E·E（N）/T + K·E（M）
TC 表示现金持有的总成本；
E 表示每次有价证券的转换成本；
E（N）表示一定时期内现金和有价证券之间转换次数的期望值；
T 表示一定时期的总天数；
K 表示有价证券的日利息率；
E（M）表示一定时期内每日现金余额的期望值；
最合理的现金持有量 $M = Z + L = + L = \sqrt[3]{\dfrac{3E\sigma^2}{4K}} + L$
现金存量变动范围的上限 H = 3M - 2L
其中：表示一定时期现金波动的标准差（根据历史资料测算）
L 表示现金存量下限，也可为零

注：该公式是一个经验公式，在具体应用之前亦应根据实际情况予以修正；或者依照此原理，分析我国国库现金波动的具体规律，总结推导出自己的经验公式。

表 5–4　　　　　　　常态下的计算示例

某国库每日净现金的标准差是 6000 万元，有价证券年利率为 6%，每次有价证券转换的固定成本为 10 万元，最低现金控制量 L 为 1 亿元。其现金最合理持有量与现金控制上下限及平均持有量，可计算如下：

最佳现金持有量 $M = Z + L = \sqrt[3]{\dfrac{3E\sigma^2}{4K}} + L = \sqrt[3]{\dfrac{3 \times 100000 \times 60000000^2}{4 \times 0.06 \div 365}} + 1 = 2.873$（亿元）

现金存量控制上限 $H = 3 \times 2.873 - 2 \times 1 = 6.619$（亿元）

如果现金余额降到 1 亿元，财政将出售 1.873 亿元的有价证券，因此现金余额就回到了 2.873 亿元水平上；如果现金余额增加到 6.619 亿元，财政将用现金购买 3.746 亿元的有价证券，这样仍将现金余额减回到 2.873 亿元水平上。

用这种方法测算的国库现金持有量较为保守，一般要比理想状态下测算方法的计算结果大一些。但由于这一模型更接近于现实状态，故其计算结果更具参考价值。

合理确定我国国库最佳现金持有量，具有重要的理论价值与现实意义：可以使国库职能从单纯地核算收支扩展到全面控制财政收支，有利于促成国库角色及其职能的实质性转换；可以使财政部门熟悉并掌握国库收支运行规律，为下一年度预算编制提供良好的基础；可以使财政部门通过年度内现金分配来实现优先次序选择和支出削减，发挥限制预算执行的作用；可以保证国库及时支付，减少资金闲置，有利于优化国债管理，降低借债成本；还有利于提高政府及其预算单位的财务管理水平、国内金融市场的健康发展、财政政策与货币政策的协调配合。

确定国库最佳现金持有量，需要以准确预测国库现金流为前提，充分把握国库收支年度与月度运行规律，参照多种数学方法的计算结果，还需要专业管理人员具备较高的专业判断能力。最佳现金持有量确定之后，就可以此为依据，做出相应的投资或筹资决策。具体操作如下所示：

年初余额： ￥100,000
第一个月流量：收：+￥300,000
　　　　　　　支：-￥200,000
一月末的余额： ￥200,000
第二个月流量：收：+￥100,000
　　　　　　　支：-￥200,000
二月末的余额： ￥100,000
　　　　　　⋮
（略）

用月末余额减去国库最佳现金持有量后的余额，如果为正，就是当月可用于投资的数额；如果为负，则是当月应该筹措的资金数额。如此经过整个财政年度，就可以完成国库一年内的现金管理预测、投资与筹资决策与管理活动。

三、现金计划编制与管理

（一）现金计划的内涵与特征

编制现金计划是开展国库现金管理的一项重要内容，也是科学确定国库最佳持有量的有效途径，有利于确保年度支出需要并使借债成本最小化，有利于实现年初预算政策目标，有利于促进财政和货币政策的顺利实施。一个有效的现金计划编制和管理制度，应该以认可货币的时间价值和现金的机会成本为前提，促使支出部门和预算单位有效地计划支出，密切跟踪和及时预测宏观经济发展变化，避免或减少对预算执行的负面影响，确保支出部门和预算单位的现金需要，结合政府短期和中长期借债计划，形成符合实际需要的现金计划安排。

在任何一个国家，调控财政收支时间和总量的能力在政府预算管理中都具有重要的战略地位。科学的财务计划和预算分配管理是必要且有效的工具手段。但是，只有在建立全面、及时、准确、可靠的政府预算管理信息系统以及财政部门内部与财政以外所有预算单位之间紧密合作时，现金计划和管理才会有效率。如果不具备这些条件，财政收支监管困难，现金管理势必面临诸多障碍。

在理想的条件下，政府现金计划应包括未来1个月的现金流出预测（例如主要支出）和现金流入预测（税收收入、非税收收入、债务收入，包括国内发行债券和国外发行债券等）。实践中，现金管理制度常常存在初级、无效率、无法控制收入和政府债务不可预测等现实困难。即便是能够有效限制现金支付，却常常在科学配置资源和及时提供服务上付出相当大的代价。而且，还常常导致应付未付情况的产生。因此，通过采用月度现金计划来完成预算，月度现金计划建立在总的目标现金流入和现金流出限额之上，有助于寻求建立一个更完善的现金管理制度。

（二）现金计划的编制与管理

现金计划的基本要素包括以下几方面：年度现金计划是工作的起点，要提前于财政年度准备，确定每月的目标现金流入和现金流出；过去的经验有助于建立每月税收收入和非税收收入流入模式，向外部借债的时间也常常可以提前获知，因此总现金流入是可以被预测的；以历史经验为指导有助于分析月度现金流出规律，但无规律的资本支出、捐赠收入变动、政府新债发行时间等因素，使得月度现金流入和流出模式的确定不易精准；在1个月度范围内出现现金不足以应付支出时，政府可以通过延缓支出承诺、加速收入收缴、借债来解决这个问题，具体选择什么方法，取决于相关方法的可行性和成本的大小。

年度现金计划一旦建立，理应成为3个月滚动计划的基础，并且在年度计划内建立月度现金计划。具体操作如下：3个月滚动计划和月度计划必须根据实际收入和支出情况逐月修正；当3个月滚动计划显示没有足够多的现金用于1个月或3个月应付支出时，需要采取延缓支出承诺、加速收入收缴、借债等措施，具体选择那种措施取决于可行性、成本和借债限制；财政支出月度现金管理操作性计划应该包括每日（至少是每周）现金流入和流出预测。这样的现金管理计划应该至少提前一星期准备并适时更新。

月度现金计划常常转换成对一些或是全部支出单位的月度现金限额。在有些情况下，可以采用支出项目或物品的现金限额，比如工资支出、办公经费等限额，这些现金限额可以起到硬化预算约束的作用。但是，应该指出的是，作为一种支出方式而不是现金控制方式。此外，如果没有健全的承诺控制措施，现金计划本身将是无效率的，常常导致应付未付现象的产生。

现金计划有助于确立现实的财政标准或月度与季度基准，给予政府管理者足够的信心来有效控制现金，实现预期的财政或货币政策目标。因此，根据税收收入、非税收收入、债务收入和支出承诺及其支付的最新信息，不断修正现金计划，有助于规范预算调整，增强预算执行力。

实践中，财政部国库部门或现金管理部门负责准备和维持现金计划并监控支出。为了确保现金计划的有效实现，国库部门必须尽可能从所有相关部门获取必要的信息，包括财政、税收、海关部门、各行业部门、预算单位等。在这种情况下，可以通过建立专门工作小组，健全和完善现金计划编制和管理职能。这一专门工作小组的功能主要是：准备月度现金计划；跟踪政府财务收入和支出具体情况；分析政府财务报告，做好现金流入和流出的科学预测；在必要时提出调整现金计划的建议；建立跨部门的信息交流与共享机制等。

（三）提升现金计划管理能力

在 OECD 国家，政府财政部门管理现金计划的典型方式是"T+1"。在资本市场充分发展的条件下，财政部门可以代表政府以非常便捷的方式从资本市场上借债融资，既能满足短期资金需要，又能弥补财政赤字。当出现阶段性盈余时，可以投资于货币市场，甚至隔夜投资，来获取收益。在我国，由于资本市场、货币市场尚不健全与完善，财政部门不能以成本较低的便捷方式融借资金，来满足短期资金需要。在这种情况下，现金计划的重要性就日益凸显出来。不断改进现金计划编制，完善现金计划管理，需要从以下四个方面入手。

1. 增强政府预算的科学性。一个良好的现金计划不能补偿一个不现实的预算。事实上，任何一个现金限额都源于业已获得核准的政府预算，现金计划不能替代预算本身。预算准备过程是在特定条件限制下区分优先次序的过程，这一过程应该在支出被分解成月度现金限额之前可以充分发挥作用。然而，相反的情况常常发生。例如，财政支出优先次序的确定不能被充分讨论，或是不能在预算准备阶段由业务部门和财政部确定，或者是预算逃避了权力的硬性限制。因此，财政部门不得不通过现金计划编制来实现优先次序选择和支出削减，这样能起到限制和规范预算执行的作用。

2. 健全财政拨款程序。财政拨款发放的方式也是很重要的，因为它限定了月或季度支出金额。从国际经验看，主要有三种做法：一是在多数工业化国家，预算拨款在预算批准后很快即可拨付到支出部门，支出部门不对支出承诺和签发支付令负责，国库部门在必要时通过市场借债。因为政府支出的规律是相对固定的，并且政府很容易从完善的资本市场中融入资金。二是在少数发达国家中,固定期间(如1个月或1个季度)发放固定数额。例如,每月月初发放拨款的1/12。如果情况没有变化,拨款的1/12每月按时发放。如果情况变糟,则需要延缓拨款发放。三是在许多发展中国家,财政部门可以向支出部门签发正式授权控制特定物品购买,预算执行与预算编制之间的误差较大,甚至可能发生在一个预算年度内重新编制政府预算,财政拨款的规律被打乱。在这三种情况中,支出部门和预算单位都要对财政支出负责。但是,现金发放的额外控制(如月度现金限额)能有效控制拨款规模及进度。

3. 培养技能丰富的现金管理者。现金计划的编制和管理需要专业财务技能。现金管理部门的工作人员必须分析可用信息,并基于这些信息和过去的经验做出判断和预测。尤其是,他们要调整承诺并采取妥当措施确保现金需求的实现,避免应付未付现象的发生,这不是一件容易的事。另一项任务是和中央银行密切合作,确保满足正常的预算资金需求,同时又不会导致逆向货币影响。政府借债的渠道和条件也是一个值得高度关注的问题,因为现在借债的钱也是影响支出计划的因素。因此,国库现金管理部门的工作人员应该具备充分的专业技能和管理能力。

4. 建立规则清晰的政府债券发行与管理制度。国库资金存放与政府发行债券都是现金管理的重要内容。从理论上讲,国库资金应集中在国库单一账户之中,或者存放在每晚都可合并的账户之中。如果能利用这些资金余额,就可以阻止政府发行不必要的债券。

此外,政府需要有一个与中央银行及其货币政策协调一致的年度借债战略。在年度战略内,为实现有效的现金管理,政府还需要健全机制,以最小成本处理难以预料的每日或每周现金不足问题。一是密切关注由于临时原因而发生的难以预料的借款需求。拙劣的收入表现或超计划支出的突然增加常常不是临时性因素。相反，任何一个临时借口都应追查到底，必须确信这一借口在短期内会明朗化，只有在此时，相关的借债才是真正临时性的。二是一旦政府面临临时现金不足，就可以延迟某些领域的支付。如果政府资金没有集中存放于单一账户中，可以通过从其他政府资金借款来为临时现金不足融资，比如预算稳定基金。三是建立清晰的紧急融借资金的规则。紧急情况下，财政代表政府可以向中央银行或清算银行融借短期资金，但必须限制规模、限制期限，避免赤字的货币化，不能迅速偿还的短期借债应该转换成国库券或中期国债，并通过中央银行发售给非银行机构或公众。

第六章 国库现金管理的关系协调

国库现金管理是现代国库管理的一项重要职能。但在很多人的观念中，开展国库现金管理就是为了获取投资收益或降低成本。实际上，国库现金管理不应该只做简单意义上的财务投融资。由于现代国库不同于传统的库藏国库，货币库取代了实物库（含金银），货币性资产与负债管理取代了实物的收储与调拨，货币资金成为公共财政联系金融与经济运行的媒介，使得现代国库的职责得到拓展与强化。基于财政分配职能与现代国库管理衍生出来的国库现金管理，可以在微观控制、中观管理与宏观调控等领域发挥多方面的政策功效，大大增强了政府调控的能力，客观上也有利于让市场更有效地发挥其应有作用。

一、国库现金管理的政策效应分析

客观世界是普遍联系的统一体，国库现金是社会总资金的一部分，"牵一发而动全身"，国库现金管理所产生的政策效应必然是多方面的。毋庸置疑，国库现金的一系列管理与运作活动必将对财政政策、货币政策和货币市场运行产生一定程度的影响。全面认识与正确评价国库现金管理的效应，努力实现国库现金管理与财政政策、货币政策之间的协调，是一国政府运作与管理国库现金时必须全面考虑并有效解决的重大问题之一。

（一）财政效应：对财政资金成本与效益的影响

1. 对财政资金成本与效益的影响。当前，我国国库现金在较大规模上波动与闲置，尚没有得到科学合理的运用，不利于提高国库现金的经济效益，客观上要求政府必须更加有效地管理大量闲置的现金资产，提高财政效率，降低财政成本。国库现金是国库收支运行中沉淀下来的财政资金，虽然其日终盈余总规模具有一定程度的波动性，但总有相当规模的盈余现金具有很大的稳定性。对于这部分盈余现金而言，可以用于安全性、流动性较高的市场运作，体现一定的政策目的，以满足财政政策的调控需要以及宏观经济的紧迫性需要。

2. 国库资金收支及现金余额变化反映财政政策的实施状况。国库资金的流量和流向，是财政工作的"晴雨表"。通过国库对收入征缴机关的监督检查，可以减少中间环节资金滞留时间，提高资金收缴效率，为财政政策顺利实施提供资金保证；通过国库对资金拨付程序的合理优化，可以有效避免资金管理混乱、超预算等现象的产生，保证资金按照预算安排使用，增强政策调控能力；通过对国库运作情况的分析和预测，可以向财政部门反馈财政政策的效果和未来经济走势，帮助财政及时调整财政政策的实施方式和实施力度；通过国库收支的余额变化，可以为政府发行国债的规模及期限结构等相关决策提供参考，适时调整财政政策的积极度或紧缩度。

3. 国库资金收支及现金余额变化影响国债发行决策。国库现金余额的持续性常规波动，可以通过适时适度地发行短期国债与积极的国库现金投资活动予以"熨平"；国库现金的突发性巨额波动，可以通过发行中长期国债与特别的管理手段予以缓解；通过加快预算收入收纳和报解速度,及时、足额、完整地纳入预算,可以减轻国债发行压力;通过开展国库现金管理减少资金闲置,可以控制支出增长和减少政府债务增长;通过短期国债与中长期国债的合理搭配,可以减少政府债务余额和利息支出,降低年度借债净规模;通过规范的国库现金管理活动,可以增强与货币市场的联系,提高市场流动性,为市场提供示范和基准,有助于提升市场参与者信心,降低国债发行成本。

(二) 金融效应:对基础货币、银行体系、金融结构等具有一定的影响

1. 中央银行天然离不开国库,独立国库则必然具有中央银行功能。英格兰银行成立于1694年,除向政府借贷外,还经营正常的商业银行业务,同时允许其办理英国国库业务并拥有发行钞票的权利,因而从很早就开始具有中央银行的功能。当然,只有到1833年国会通过法案规定英格兰银行发行的银行券为全国唯一的法定货币时,其才成为真正严格意义上的中央银行。今天看来,从私人银行成立到代理国库业务,并利用这一特殊优势不断发展和增强在金融领域的权威性,垄断货币发行权并最终成为中央银行,已成为西方金融制度发展的一条普遍规律。

美国1840~1913年实行独立国库制度[①],自行设库管理财政收支。1846年《独立国库法》规定:联邦政府彻底与银行体系隔离,不得将财政收入存储于任何银行,必须使用黄金等硬通货

[①] 美国独立后,自1791年始,美国第一银行、第二银行、州立银行和国民银行都曾代理过国库业务。当时的政府资金都存放在银行。需要时,通过银行将资金按财政部的要求从一个地方迅速转移到另一个地方。银行对此提供免费服务,财政部对银行的工作也颇为满意。但是在1837年,纽约发生了金融恐慌,很快就蔓延到全国,导致大批银行倒闭,国库为此蒙受重大损失,促使联邦政府于1840年实行独立国库制度,自行设库管理财政收支。

处理一切财政收支，所有银行券都不得用于财政收支。然而，随后的历史告诉我们，独立国库未能真正独立①，反而使得财政部逐步演变成为发行货币的银行、全国银币储备中心、黄金与汇率调控中心，独立国库的中央银行功能充分凸显。由财政部直接履行中央银行职能，绝对不是一个理想的模式，由此导致了19世纪末20世纪初的美国银行改革运动，1914年联邦储备体系的建立是这场运动的最终结果。1913年《联邦储备法》授权联邦储备体系代理财政筹集、保存、转移、支付国库资金，为政府保管资金并代理财政收支，代理发行政府债券，代理黄金、外汇交易。从此，独立国库制度名正言顺的消亡了。美国的经验告诉我们，由财政部门成立专门的国库银行办理国库业务的代价是巨大的，在现实中是行不通的。

2. 国库收支信息及现金余额的规模影响货币政策决策及其调控力度。充分掌握国库资金运行的结构信息，有助于央行运用合适的货币政策手段配合财政政策，有效促进产业政策的实施；在国库现金存放在中央银行国库账户的情况下，国库现金和商业银行存款准备金等构成中央银行的重要资金来源。规模稳定的国库

---

① 南北战争爆发后，为了筹措大量战费，除借款外别无他法。由于《独立国库法》规定财政收支必须是黄金等硬币，而大量黄金又为银行所控制。于是，财政部被迫于1861年2月向银行贷款5000万美元，后来又要求银行协助出售政府债券筹措战费，从而迈出了破坏独立国库制度的第一步。1862年，国会通过《法币法》，授权财政部发行不可兑赎硬币的绿背纸币，又进一步破坏了独立国库制度。1864年，国会通过《国民银行法》，规定各国民银行发行纸币必须以政府债券为担保；除关税收入外，其他公共资金都可存储于各国民银行，财政部可以利用各国民银行作为联邦政府的财政代理。至此，已完全与独立国库精神相违背了。1875年，《恢复硬币支付法》授权财政部用硬币兑赎绿背纸币，通过出售债券来获得硬币支付所需的黄金。1900年，《金本位法》授权财政部建立1.5亿美元的金币和金块储备，以兑赎绿背纸币和其他政府流通负债。1907年，《独立国库法》修正案不再禁止财政部把海关收入存储于各国民银行。至此，财政部的独立国库成为发行货币的银行、全国银币储备中心、黄金与汇率调控中心，独立国库的中央银行功能已充分显现。

库存资金可以为中央银行从事公开市场操作或再贷款提供资金支持,增强了货币政策的调控力度。

在财政收支的不同季节,国库收支及现金余额的波动,一定程度上会引起货币供应量的变化。从收入过程看,在收纳、入库阶段,表现为企业和个人的现金持有量减少或商业银行存款减少,国库存款增加,所以流通中的货币量和商业银行准备金减少,基础货币收缩;从支出过程看,国库存款减少,商业银行存款增多,企业或个人持有现金量增加,基础货币扩张。

从国库收支出现赤字角度看,通过发行国债弥补赤字虽然不会增加整个经济的货币供应量,但改变了国民收入的分配结构,社会资金由经济单位流向政府部门,由于政府边际投资倾向大于企业和居民的平均投资倾向,从而增加社会投资需求,带来货币需求量的增加,对货币政策带来一定程度的影响。所以,收支的平衡关系也会形成货币的回笼和投放,从而影响到货币政策。

经过实证分析,我们也可以发现,我国国库存款与货币供应量之间存在着相关关系。通过对 2000 年 1 月到 2003 年 7 月共 41 个样本的统计分析(详见表 6-1),我国政府存款与 M2 之间的相关系数为 0.77(潘国俊,2004)。

表 6-1　　　　　　　国库存款与 M2 的 Speraman 相关

相关项	函数项	政府存款	M2
政府存款	Pearson 相关系数		0.770(**)
	Sig·(2-tailed)		0
	N	41	41
M2	Pearson 相关系数	0.770(**)	1
	Sig·(2-tailed)	0	
	N	41	41

注:** 为不相关假设检验值为 0.01。

资料来源:潘国俊,《政府资金运动与货币供应量的关系研究》,载于《金融研究》2004 年第 6 期。

客观地讲，在一个财政年度内，国库收支难以做到平稳、均衡的流入和流出国库账户，往往在某个时期出现较大的收入或支出净差额。例如，在大量发行政府债务或税收高峰期，国库就会有巨额的净收款，商业银行的存款和储备就会相应减少，从而引起货币供应量的乘数递减。反之，在财政支出的高峰期，国库会有巨额净付款，商业银行存款和储备就会相应增加，从而引起货币供应量的乘数递增。开展库现金管理的一个很重要的目标，就是要"熨平"国库现金的波动，为货币政策决策与实施创造稳定的外部环境。达到这个目标的主要手段是在中央银行国库账户中保持一个稳定的余额，而将超出这一余额规模的其他资金存放于商业银行或投放在货币市场之中。这一做法的有效性已为许多国家的实践所证明。

3. 国库收支及现金余额波动可以对金融体系产生一定的影响。实践中，国库收支通过中央银行、商业银行、货币市场、资本市场来进行，与国民经济各个层面、政府各机构、企业乃至居民个人发生千丝万缕的联系。国库现金的运作与管理必然会对银行体系和金融结构产生深远的影响。

在金融机构影响方面，国库现金管理要求对在中央银行、商业银行、信用社开设的人民币国库存款账户中的财政资金计付利息。首先会对中央银行产生一定影响，表现为国库资金虽然放在人民银行的账户上，但人民银行不是盈利性机构，无法像商业银行那样进行商业性运作；其次会对商业银行产生一定影响，主要是因为商业银行在办理国库收缴业务中向财政、税务等部门提供了大量的金融服务，需要垫付财政资金、资金汇划费等，势必增大商业银行的资金压力，而且在手续费不能弥补其成本的情况下，将会影响商业银行代理国库业务的积极性。

(三）经济效应：对宏观经济运行的扩张性或收缩性影响

国库收支在大的宏观经济背景下总是呈波浪式运行，财政资金进出国库的流量与速度对宏观经济运行也可以产生扩张或收缩效应。从某一时期角度看，在宏观经济形势趋于过热的背景下，出库资金流量增大，将会促使经济进一步过热。此时，如果增加财政资金入库总量或延缓资金出库，则能发挥抑制经济过热的效果。此外，国库资金在季度末、年度末的集中支出，也会不同程度地对宏观经济运行产生影响。从某个时点角度看，每日国库收支运行加总后的集合效应也具有经济扩张或收缩的效应。比如，在预算收入和预算支出等量增长的时候，仍具备扩张性的乘数效应，早已为西方经济学理论所证实。

当财政政策由稳健转向积极，适度扩大财政支出总规模，适当加快资金出库与预算拨款速度，是积极财政政策的客观要求。相反，当财政政策由积极转向稳健时，可以通过适当降低支出规模、减缓拨款速度，来达到相应的政策目的。在国库收入缴库规模不足或速度较慢时，可以通过加强收入收缴管理、征收预提税等途径，增加入库资金总量以及缴库速度，以适应宏观经济形势的现实需要。

综合上述三个方面的效应分析，国库现金管理的高效运作必须建立在与财政政策、货币政策等相互协调的基础之上。

二、国库现金管理与财政政策管理的关系协调

国库现金管理贯穿国库收支全过程，一方面构成了实施财政政策的工具与手段；另一方面也会对财政收支总量与结构、国库现金流动、政府债务管理等产生深刻影响。

（一）国库现金管理与财政政策决策及实施

国库现金管理是预算执行阶段的重要活动，通过对现金流入、流出的调控维持合理的库存余额，不仅可以优化财务状况，而且可以贯彻特定的政策意图。此外，它将财政收支集中到单一账户体系中，有利于规范收缴和拨付程序，加强对国库现金流量及其余额的预测与控制；它通过加快资金收缴入库速度，准确及时地拨付资金，不仅可以提高国库资金效益，而且可以充分掌握财政收支运行中的各种信息。显然，国库现金管理是贯彻与实施财政政策的一个工具或手段，而且还可以为财政政策决策与实施提供良好的前提与基础。

国库盈余现金的灵活运用是协调财政政策的一个重要方面。国库盈余现金是国库收支运行中沉淀下来的财政资金，其中日终盈余总规模具有一定程度的波动性，但总有相当规模的盈余现金具有很大的稳定性。比如，2005年我国政府国库存款月终余额大致在6000亿~11000亿元的波动。对于这部分盈余现金而言，可以用于安全性、流动性较高的市场运作，体现一定的政策目的；在无重大突发事件的前提下，甚至可以用于必要的实物投资，以满足财政政策的调控需要以及宏观经济的紧迫性需要。

当然，国库现金管理总是在一定的财政政策背景下操作与展开，不同的财政政策类型对国库现金管理产生不同的影响。当政府出台的财政政策对国库收支发生重大影响时，必然改变国库现金流动以及国库现金存量，进而改变国库现金管理的策略及具体操作。比如，2004年我国财政政策由积极转向稳健，在财政支出总规模不变的情况下，推迟资金出库时间，适度延缓预算拨款速度，是稳健财政政策的客观要求。相反，当财政政策由稳健转向积极时，可以通过适当提前拨付支出、加快拨款速度，来达到相应的政策目的。又比如，在国库收入缴库规模不足或速度较慢时，可以通过征收预提税或其他提前纳税等途径，增加入库资金总量及缴库速度，以适应宏观经济形势的现实需要。综合地讲，国库现金管理是实施财政政策的一个途径，其操作必须服从于财政政策主旨与要求。

（二）国库现金管理与政府债务管理的相互影响

从国库现金管理对政府债务管理的影响角度看。一方面，国库现金管理可以减少资金闲置，提高国库资金使用效益，控制支出增长和减少政府债务增长；另一方面，国库现金管理可以使一部分中长期国债被短期国债替代，减少政府债务余额和利息支出，降低年度借债净规模；还有一方面，则是规范的国库现金管理可以提高市场流动性，为市场提供示范和基准，提升市场参与者信心，降低国债发行成本。

从政府债务管理对国库现金管理的影响角度看，国库现金管理必须与政府债务管理协调起来。首先，短期国债作为政府债券品种之一，是调剂国库头寸的主要手段；其次，政府债券期限结构的合理安排，有助于改善国库现金管理的压力；最后，政府中长期债券通常可以成为国库现金市场拆借的载体之一，有助于国库现金管理的有效开展。在预算收入较多月份发行中长期债券会使国库现金较多，不利于国库现金管理；在预算收入较少月份发行中长期债券则非常有利于国库现金管理。当预算收支状况恶化时，应增加中长期债券的期限种类、发行次数和发行数量；反之则应减少。此外，定期从二级市场买回长期债券，可以避免债务平均期限变长，降低债务筹资成本和提高市场流动性。这些举措既可弥补预算收支差额，又有利于国库现金管理。

因此，国库现金管理与政府债务管理，既有交叉，又有差别，需要有效协调与配合。但是，国库现金管理与政府债务管理相互协调需要一定的制度环境与前提条件，即实行国债余额管理制度，政府债务期限结构科学合理。基于此，才能有效地管理国库现金与政府债务。在实行国债余额管理制度，并建立定期、均衡的短期国债发行机制后，短期国债成为国库现金管理的主要工具，相应地，政府债务管理的主要工作则放在中长期国债管理上。这时，实现国库现金与国债协调管理的时机业已成熟。

（三）国库现金管理与财政政策管理的协调配合

国库现金管理政策功效的实现，需要建立科学的体制、完善的制度和有效的机制，在国库、财政、各政府部门及预算单位发挥各自的职责与权利，避免操作冲突，实现政策协调。

1. 强化政府预算"硬约束"机制。国库收支要与政府预算相符合，在收支过程中要受到政府预算的"硬约束"控制，应该做到没有任何机构可以突破政府预算的限制而办理支出。严格的预算管理制度，已成为现代国库体系的一个重要特点。目前，我国国库现金余额规模较大。从结构上看，主要来源有：国库收支沉淀资金；应支未支的资金；超收收入；偿债基金与预算稳定基金等。其中，应支未支与超收收入资金的占比较大。这一情况表明，我国预算管理水平还需要逐步提高，改进预算编制水平，细化预算，强化预算执行及规范预算调整管理，从而为国库现金管理政策功效的有效发挥创造良好的条件。

2. 继续改革与完善国库管理体系。国库管理体系是联系公共财政与中央银行、地方政府与中央政府的桥梁与纽带，是反映财政政策执行与传递货币政策意图的重要平台。目前，我国的国库体系还处于改革与完善的过程之中。我国现行的国库制度是双重经理制度，在设置中央银行分支机构的地方由中央银行经理国库，没有设置中央银行分支机构的地方由商业银行经理国库，由此带来诸多弊端与不足，建议逐步转向分层代理制度，并强化国库监督控制，由中央银行代理国库单一账户开设与维护、资金清算等业务，由某些商业银行代理现金存放（retainer bank），在具备相应抵押品的情况下持有与运用部分国库现金，由某些商业银行代理税费收缴（collector bank），于规定时间将应缴库款划转至央行国库账户或存款银行国库账户。

3. 将所有财政资金逐步纳入国库单一账户集中管理。国库单一账户体系是国库现金管理政策性功效有效发挥的制度基础。长期以来，我国还有相当规模的预算外、制度外和由"准财政工具"带来的财政性收入游离于国库管理之外，这部分资金的使用情况很难受到有效监督，一些政府部门和预算单位为追逐利益将这部分财政资金自行存入商业银行以获取利息，使财政部门和中央银行不能适时准确地掌握财政资金的整体运行状况，不利于财政政策和货币政策的有效实施。

4. 集财政部门、收入征缴机关、中央银行、代理国库商业银行之合力，做好国库收支及其现金余额的信息收集、分析、整理、预测等工作。国库资金本质上是财政资金，但国库资金运行的全过程与收入征缴机关、财政部门、中央银行、代理国库商业银行、各政府部门及预算单位等都有关系，需要良好沟通与发挥合力才能准确、全面、及时地获取国库收支运行的全面信息。收入征缴机关有责任提供与跟踪各项收入及征缴信息；中央银行及代理国库商业银行有责任收集与整理国库资金每日变动以及日终余额信息，并对国库现金流入与流出做出预测；各政府部门及预算单位有责任做好政府预算及分月用款计划。而财政部为有效管理政府债务与国库现金，同样需要建立国库现金流入流出预测机制，安排专职人员负责这项工作。

5. 逐步创造条件建立适合我国国情的短期国债发行机制。发行短期国债，是财政部筹措资金、开展国库现金流动性管理的重要手段，尤其是在特殊时期或中长期市场预期不好的时候，发行现金管理券或 1~3 个月的短期国债，可以灵活、便捷地获取流动性资金，有助于形成短、中、长合理搭配的国债期限结构，降低政府债务融资的难度与成本。此外，也有助于形成短期债券的基准收益率，为中央银行的货币政策操作提供良好的基础条件；可以使中央银行及商业银行持有足够数量的短期国债，为中央银行公开市场操作提供基本前提；可以完善货币市场以及短期国债市场，从而为中央银行公开市场操作提供了又一重要条件。

三、国库现金管理与货币政策管理的关系协调

国库现金管理主要是通过货币市场来实现对国库资金的管理与运作，其目标与出发点均与货币政策有所不同，并不同程度地影响到货币供应量与市场利率。为避免与货币政策相冲突，财政与央行之间应建立密切的配合机制，确保政府财政、货币政策的协调执行。

（一）国库现金管理与货币政策管理的差异和联系

1. 管理主体的差异与联系。国库现金管理的主体是财政部，货币政策管理的主体是中央银行，两者都是政府宏观调控的重要部门。财政部主要负责制定财政政策，管理政府资金、政府债务、国有资产和国外援助等；中央银行负责制定货币政策，管理货币发行、外汇储备、汇率和维护币值稳定等。

财政部与中央银行都设有国库部门。财政国库负责管理政府财务，包括现金管理、政府账户管理、国债管理、政府金融资产管理等，并为预算编制、审计和评估提供及时准确的信息与资料。央行国库是为政府部门设立国库账户，负责具体办理财政资金的缴入、支付与清算等业务。但所有国库业务的开展以财政授权为前提，并需严格按照财政部门开具的票据进行操作。

2. 管理目标的差异与联系。实践中，各国开展国库现金管理的具体目标有三：一是减少闲置现金，获取最大收益；二是以最低成本的方式弥合资金缺口；三是加速资金入库，准确及时实现支付。其主旨在于确保政府资金需要与预算的有效实施，提高政府资金的使用效益，优化政府财务状况。

货币政策是中央银行为实现特定的经济目标而采取的各种控制、调节货币供应量或信用量的方针、政策、措施的总称，通过调控货币供应量、信用总量、同业拆借利率和银行备付率等中介目标实现稳定物价、经济增长、充分就业、国际收支平衡等目标。

从根本上说，财政部门与中央银行都有一个共同的目标——促进经济增长、维持低通货膨胀与高就业率，但不同的职责使它们具有不同的方向与效应。

3. 管理层次的差异与联系。国库现金管理，包括国库资金运用与筹措等，属于微观财政管理层次上的活动，但对宏观经济管理具有一定的影响作用，如发行国债、债券回购、国库现金余额变动等可能会引起基础货币的增减与市场利率的变动。

货币政策管理属于宏观经济管理层次上的决策活动，可以调控基础货币数量、引导市场利率变化，它的制定与执行将影响政府、企业、个人的经济行为，从而对微观管理活动产生影响。

货币市场是财政部门对国库资金实施流动性管理的主要场所，也是货币政策传递的重要渠道。国库现金管理部门与中央银行都需要在货币市场上进行操作，财政部门为的是融资与投资，中央银行为的是调控基础货币与利率。

4. 管理工具的差异与联系。国库现金管理的工具主要是短期国债或现金管理券、货币市场双边交易、抵押贷款、协议透支等。货币市场双边交易主要是以优质金融债券为对象的回购、逆回购等交易。

货币政策管理的工具主要是法定存款准备金率、再贴现率与公开市场操作，其中最常用、最灵活的调控手段是公开市场操作，而公开市场操作的交易方式主要有有价证券的买卖、回购和发行等，而且操作中的有价证券通常以短期国债为主。信用放款只是在必要的时候才使用，而且数量一般不大。可见，两者在操作工具与内容上具有极大的相似性，但在操作目的上则完全不同。

综上所述，两者在管理主体、管理目标、管理层次与管理工具上具有很大差异，又有着密不可分的联系，这就决定了国库现金管理与货币政策管理必然存在矛盾之处，又必须紧密地协调配合。

（二）国库现金管理与货币政策管理之间的相互影响

1. 国库资金及其现金余额变动对货币政策管理的影响。国库资金是社会资金总量中的一个重要组成部分，国库现金余额存放于中央银行，构成一国的基础货币，其增加或减少可以影响中央银行调节储备金和利息率的能力；而财政部门作为国库资金的管理主体，掌握着国库现金余额的变动权，对中央银行准确制定货币政策和管理货币供应量产生一定影响。因此，中央银行需要掌握国库资金管理的有关信息。从表6-2中也可以看出，无论是基础货币，还是货币乘数，中央银行只是部分控制，财政部门的行为影响着基础货币和货币乘数。

2. 发行短期国债对货币政策管理的影响。发行短期国债是国库现金管理的重要手段，是弥补国库资金季节性短缺的主要途径，并将影响基础货币的变动。短期国债的发行对象可以是各类经济主体，包括中央银行。中央银行可以直接购买短期国债，也可以间接购买短期国债。

表 6-2　　　　各行为主体对基础货币和货币乘数的影响

行为主体	基础货币	法定存款准备金率	超额存款准备金率	现金与活期存款比率	非金融机构存款与活期存款比率
中央银行	控制法定准备金和现金流量	控制	部分控制	部分控制	不控制
国有银行	控制超额准备金	不控制	部分控制	部分控制	部分控制
财政	部分控制	不控制	不控制	不控制	部分控制
事业单位	部分控制	不控制	不控制	不控制	部分控制
公众	不控制	不控制	不控制	不控制	不控制

在中央银行具有较强独立性的条件下，直接购买短期国债，自主决定购买数量、期限和条件，可以使中央银行拥有较高的调控能力。在货币市场发达与完善的条件下，中央银行还可以从其他经济主体手中购买债券，也使中央银行拥有对基础货币较强的调控能力。中央银行可以相机决定是否购买、购买多少和如何购买债券，而且还可以通过公开市场操作灵活的购入或抛售债券，对基础货币进行主动调节。

中央银行公开市场操作的基本前提是中央银行及商业银行持有足够数量的短期国债，通常还要求短期国债定期、均衡的发行。这样有助于培育和完善货币市场，从而为中央银行公开市场操作提供了另一重要条件。此外，财政部还可以应中央银行要求发行特定的短期国债，帮助中央银行管理货币市场或实施特定的货币政策。

3. 国库资金货币市场运作对货币政策的影响。在国库资金存放在商业银行的情况下，比如美国，其国库资金大部分存放在商业银行，只将小部分资金存放在中央银行国库账户中。商业银行国库资金的增加将会从商业银行体系中抽取储备金，倾向于紧缩银根；反之，则倾向于扩大银根。除非联邦储备银行通过公开市场操作来进行补偿。

在国库资金进入货币市场进行双边操作的情况下，比如英国，债务管理办公室每天都运用一系列的工具在货币市场上进行交易，有选择的现买现卖国库券或其他优质债券，不定期地借入和借出现金。为此，财政部同英格兰银行协商确定：债务管理办公室不在英格兰银行公开市场操作时间（通常是上午9:45和下午2:30）进行国库券投标或临时债券投标，也不会从事被认为与英格兰银行每日回购操作相竞争的贷款交易。此外，财政部还可以发行国库券帮助英格兰银行管理货币市场。在利率决策方面，财政部不与货币政策委员会相联系，并且不对英格兰银行的决策作猜测性的判断。

4. 中央银行代理国库业务对国库现金管理的影响。中央银行作为国库的代理机构，负责为政府部门开设、管理与维护国库单一账户体系，代理国库资金缴入、划解、支付、结算与清算等具体业务，监督管理代理国库业务的商业银行。因此，最了解国库资金变动以及日终现金余额的具体情况。定期分析、预测国库资金的变动，是中央银行的一项基本任务，也是制定与实施货币政策的重要前提。

国库资金及其日终现金余额本质上是财政性资金，财政部理所当然地成为国库资金的管理主体。但在国库委托代理制度下，财政部只有通过中央银行才能及时掌握国库资金变动信息，国债管理与发行也需要中央银行支持与配合。这就要求中央银行及时地向财政部通告国库账户每日变化及其余额情况，协助财政部确定国库现金最佳持有量。中央银行代理国库业务的好坏，将直接影响财政部国库现金管理的效益。

正因如此，发达市场经济国家一般都设有财政和中央银行工作协调委员会，负责处理各种协调事宜，加强信息交流、磋商与合作。

5. 中央银行货币政策调控对国库现金管理的影响。中央银行掌握着调控市场利率和货币供应量的主动权，财政部不得利用自身优势影响中央银行的利率决策。在货币市场上，国库现金管理部门代表财政部进行必要的管理活动，其角色相当于市场投融资者，与其他投融资主体无异。因此，财政部门在货币市场上的活动需要接受中央银行的监管。

中央银行作为货币供应量与市场利率的调控者，一般具有较强的独立性，其货币政策决策面向社会各类经济主体，主要是实现稳定物价、经济增长、充分就业、国际收支平衡等目标，而不是考虑财政部门是否能从货币市场上顺利、方便地投资或融资。因此，中央银行货币政策决策不可避免会对国库现金管理活动造成不利影响。在这种情况下，除加强双方协调与沟通外，还应坚持一个原则，那就是，国库现金管理操作不能以最大盈利为目标。

6. 中央银行体制与货币调控方式对国库现金管理模式的影响。一个国家选取何种模式进行国库现金管理取决于多方面因素，中央银行体制及其货币调控方式是必须考虑的重要因素之一。

比如，美国虽然是联邦制国家，但全国的货币政策决策实行联邦集权，由美联储独立决定，货币调控手段则主要依靠公开市场操作。在国库现金管理方面，美国有联邦政府现金管理与各州政府现金管理两个层次上的管理活动，并在这两个层次上以分权管理为主。在这种条件下，美国选择将联邦政府资金存放于商业银行的模式来开展国库现金管理，而州政府资金则允许采用形式多样的方法来管理与运作。

又如，英国是单一制集权型国家，中央银行在1997年之前隶属于财政部。1998年后，英格兰银行从财政部中独立出来，但财政部仍处于宏观调控的主导地位，货币政策委员会则处于辅助地位。在货币调控方面，英国主要依靠贴现率。英格兰银行也进行公开市场操作，但仅仅作为"贴现率政策的一种补充"在发挥作用。在这种条件下，英国选择了将国库资金进入货币市场运作的模式来开展国库现金管理。

由此可见，不同的中央银行管理体制及货币调控方式影响着国库现金管理的模式选择与具体操作。

（三）国库现金管理与货币政策管理的协调配合

1. 债务、现金管理与货币政策管理在政策决策与机构设置上实现完全分离。保持中央银行的相对独立性，既是一个重要的理论问题，又是一个现实选择问题。由于中央银行是特殊的金融机构，其对金融业实施监督管理、调控经济运行，又具有较强的专业性和技术性，而且一定时期内保持稳定的货币政策有助于经济、社会的长期持续稳定发展。因此，有必要保持中央银行的相对独立性。

财政部在经济方面最能代表政府，而且与中央银行联系最为密切，正确处理财政与央行之间的关系，是制定与实施财政政策和货币政策的重要前提。为保证中央银行的独立性，一般要求财政不得向中央银行透支；中央银行不得直接认购、包销国债和其他政府债券；财政部一位负责人参加货币政策委员会，但一般没有投票权；财政部负责政府内、外债务管理，中央银行负责其他全部的对内、对外金融活动。

政府债务与现金管理是财政部的重要职责之一，并对货币政策有一定程度的影响，在政策决策与机构设置上应该实现与货币政策的完全分离，这也是国际社会通行的做法。这是因为货币政策管理要求提高利率，而债务、现金管理为实现借债成本最小化可能要求降低利率，由此两者之间产生矛盾；此外，债务、现金管理不适合由中央银行具体管理，否则会导致债务、现金管理与货币政策之间出现冲突，并可能引起市场种种猜测。因此，实践中，需要采取措施保证财政与央行独立做出各自的政策决策与管理战略。

需要特别注意的是，两者在政策决策与机构设置上的完全分离，不影响两者之间在其他方面开展高效的协调配合。货币政策的制定、国库现金管理的操作，都需要密切关注、分析与预测国内、国际宏观经济形势变化与微观经济运行状况。在这些方面，财政与央行加强合作与信息共享，对双方都有益处。因此，建立专门的财政与央行工作协调委员会或松散的经常性沟通渠道，处理各种需要协调配合的事宜，加强双方信息交流、磋商与合作，减少摩擦，有助于确保政府财政、货币政策的协调执行。

2. 中央银行为财政部开展债务、现金管理提供必要的服务。国库资金本质上是财政资金，国库账户管理的主体也必然是财政部门，各政府部门、预算单位账户的设立、撤销、调整均需经财政部门同意并按财政部门的具体要求开设。中央银行作为"政府的银行"，负有为财政设立与维护国库单一账户的责任，并收集与整理国库资金每日变动与日终余额信息，实现与财政部门之间的信息共享。

财政部债务与现金管理机构一般选择中央银行作为其结算、清算机构，这样做可以利用本国中央银行清算网络与国际清算组织之间建立起来的电子网络，为债务与现金管理提供极大的便利。

在实行国库单一账户制度的情况下，国库资金在营业结束时将集中至中央银行的国库账户中。市场经济条件下，中央银行对国库现金余额计付利息，而财政要为中央银行代理国库业务支付相关的服务费用，这样有助于处理好财政与央行之间的关系。在这一制度安排下，中央银行需要定期向财政支付国库存款利息。

政府资金的规模、流量及其波动情况，是中央银行制定与实施货币政策时需要考虑的一个重要因素。因此，中央银行需要从货币政策的角度对国库现金流入与流出做出预测。而财政部为有效管理政府债务与国库现金，必须建立政府现金流入流出预测机制，安排专职人员负责这项工作。因此，在现金预测问题上，中央银行与财政部密切配合，有助于双方开展各自的工作。

国库现金管理在货币市场上的操作一般在下午4:00之前结束。对于在此之后可能出现的现金盈余，财政部门则来不及进行运作。这时，通过中央银行对货币市场关闭之后出现的现金余额采取适当的形式进行投资，可以实现国库资金收益的最大化，也有助于中央银行的货币政策管理。

尽管多数国家的法律明确规定，财政不得向中央银行透支资金。但是，在特殊的情况下，可以通过协议、代理、抵押等方式向中央银行融通短期资金。如美国财政部可以向联邦储备银行借取期限只有几天的款项，而且是以财政部发行的特别国库券作为担保。而瑞典则可以在特殊情况下通过代理银行向中央银行借款。此外，中央银行还可以接受财政的委托为其代理其他一些特定业务。

3. 债务、现金管理为中央银行货币政策管理提供必要的便利。国库资金及其日终现金余额本质上是财政性资金，国库资金在货币市场上运作，有助于实现政府债务成本最小化和获取更大的投资收益，但不能以投资获利最大化为目标，这样有利于保证财政部不利用自身的优势干预利率决策。此外，财政部掌握着国库资金运作的主动权，为中央银行实施货币政策考虑，应及时将财政资金的管理信息告知中央银行，为其提供必要的信息。

固定、均衡地发行短期国债，不仅是财政部筹措资金、开展国库现金管理的主要手段。而且，还可以逐步形成短期债券的基准收益率，为中央银行的货币政策操作提供良好的基础条件；可以使中央银行及商业银行持有足够数量的短期国债，为中央银行公开市场操作提供基本前提；可以完善货币市场与短期国债市场，从而为中央银行公开市场操作提供了又一重要条件。此外，财政部还可以应中央银行要求发行特定的短期国债，帮助中央银行管理货币市场或实施特定的货币政策。

　　财政部适当、积极地开展货币市场运作，比如，财政部可以依托于银行间债券市场，以债券承销机构作为交易对手，进行债券回购或回售、买入或卖出，是财政部门开展国库现金管理的重要方式，也是财政部门适时调控债券市场的客观需要，能在一定程度上促进货币市场和债券市场的发展与完善，也有助于完善中央银行货币政策的操作环境。但是，对财政部在货币市场上运作的交易工具、交易对象、交易时间、交易金额等问题，财政部门应与中央银行沟通、协商、达成一致，明确规定下来，并及时向社会公布、公开，避免与中央银行公开市场操作相冲撞，确保政府各项政策的顺利、协调执行。

第七章 地方国库现金管理的战略选择

2006年5月，财政部与中国人民银行联合印发了《中央国库现金管理暂行办法》（财库〔2006〕37号），其中规定以商业银行定期存款、买回国债、国债回购和逆回购等方式，对财政部在中央总金库的活期存款进行管理与运作，在确保中央财政国库支付需要前提下实现国库现金余额最小化和投资收益最大化。同时，也明确规定在国库现金管理初期，主要实施商业银行定期存款和买回国债两种操作方式。这一办法的出台，标志着经过酝酿多年的国库现金管理正式进入实质性的操作阶段。然而，上述办法只适用于中央政府的国库现金管理。对于省、市、县等地方政府而言，是否开展以及如何开展国库现金管理，仍然是一个悬而未决的问题。从根本上讲，地方政府最终必然要开展国库现金管理的，只不过要实现这一目标，我们还有很长的路要走。当前问题的关键是如何走好而避免走错路、走弯路，这就需要我们在科学的理论指导下，在客观的国际经验借鉴基础上，对地方国库现金管理若干重大问题进行准确的判断与定位。

一、发达国家的经验教训及启示

在中国各级地方政府及其财政、央行国库部门中，许多人都认为：在国库现金持续盈余的条件下，适当抽出一定规模的一库存资金，再合理安排财政收支计划，基本不会影响全年的支出拨付进度，如果将抽出的这部分国库现金存入商业银行进行协议存款或定期存款，那将意味着地方政府可以增加数目相当可观的财政性利息收入。当前，这一观点已成为尽早允许地方政府开展国库现金管理的最重要的理由之一。实际上，这一要求并没有错，国库现金管理可以增加地方财政利息收入的理论假设也非常正确。但是，这绝对不是地方政府开展国库现金管理的充分必要条件，而单单一条"国库现金管理可以增加地方财政利息收入"的理论假设也仅仅只是国库现金管理体系中的"冰山一角"，距离全面、准确、科学地理解国库现金管理的本质与内涵尚有相当大的差距。

（一）国库现金管理不等同于商业银行存款获益

不可否认，节约资金或投资获益确实是国库现金管理兴起的最初源动力之一，而将国库现金盈余存入商业银行获益也已成为当今世界国库现金管理的两大操作模式之一。然而，地方国库现金管理绝对不能简单地等同于将国库现金盈余存入商业银行获益。美国的历史对我们认识这一问题极具启发意义。

从历史上看，国库制度主要有两种类型：一是委托国库制，政府委托中央银行或商业银行代理国库业务；二是独立国库制，政府特设专门机构办理政府预算收支的保管、出纳等工作。在美国，1791～1840年实行委托商业银行代理国库制；1840～1914年实行独立国库制；1914年至今实行委托联邦储备银行代理国库制。由于商业银行代理国库制及独立国库制都存在其自身所固有的不可克服的缺陷，1913年《联邦储备法》授权联邦储备体系代理财政筹集、保存、转移、支付，并代理政府债券发行等。

此后，联邦储备体系为政府开立存款账户，不允许政府及其公共机构在它们自己的账户中存放资金（极少数特殊情况除外）。从结构上看，政府财政账户分为两类：一类是设立在纽约储备银行下的余额账户；另一类是设立在超过10000多家存款机构下的税收与贷款账户，即财政部通常将其存款余额的一部分存放在联储，其余资金则存入1万多家商业银行的税收和贷款账户中。直到今天，美国政府资金的存放依然维持着这一格局。

然而，美国政府之所以将其大部分财政存款分散存放在数目庞大的商业银行的专门账户之中，其本意并非是获取利息收入，而是为了避免把全部财政收入和支出都由联邦储备体系存入和提取所带来的对金融市场的扰动，避免财政资金在联邦储备体系中的非常规波动可能带来的对于货币政策的冲击与影响。事实上，在相当长的一段历史时期，存放于商业银行的美国政府财政资金并不计付利息，银行也不需为政府垫付资金，代理银行为政府收支提供免费服务。

但是，随着政府职能拓展与财政支出规模的扩大，在代理业务量与资金量陡增的同时，国库代理银行的积极性却悄悄下降。经济学家马寅初先生早在1948年就曾指出："委托代理制下，银行对于公款有保管之义务，而无利用之权力，人力财力皆浪费，手续繁冗，无利可图"[①]，国库代理银行的积极性必然不高。事实上，某些储备银行代理国库的业务量完全比得上甚至超过其为自己所做的工作。

---

① 马寅初：《财政学与中国财政——理论与现实》，商务印书馆1948年版，第100页。

在国库代理银行的积极性不断下降的背景下,"财政存款计息,银行服务收费"制度应运而生了。这一制度并不否定委托国库制度,而是在委托国库制的框架下修改与调整了财政委托中央银行或商业银行代理国库的具体内容,即在保证安全、便捷地实现政府收入收缴与支出拨付功能的前提下,中央银行或商业银行可以充分、自由地运用政府存款,而政府需要向代理银行提供的服务支付费用。对此,马寅初先生在1948年也曾评论说:"银行收受(政府公款)之后,归银行自由运用,政府可收利息,于委托者与代理者均有裨益"。① 这时,美国尚无国库现金管理这一概念,当然也谈不上实施真正的国库现金管理活动了,但政府财政与国库代理银行之间的关系的市场化程度有了很大的提升。

从20世纪60年代末开始,现金管理的重要性首先被私有部门所认识,货币的时间价值与现金的机会成本等理念逐渐得到认可与应用。20世纪70年代中后期,企业现金管理对政府预算管理产生了一定影响。直到1981年,美国才开始学习企业现金管理的做法来管理政府现金,意味着国库现金管理在美国的正式兴起。随后,将国库现金盈余以最佳方式存入商业银行以获取最大收益,成为美国联邦国库现金管理模式的最大特征。二十多年来,已为联邦政府节约了数十亿美元的财政资金。

可是,美国随后的国库现金管理发展表明,将国库现金盈余存入商业银行获益,绝不是国库现金管理活动中的全部,国库现金管理呈现出更广、更深的内涵。1982年,美国国会通过了《促进支付法案》,要求联邦机构准时支付,拖延支付要向支付对象支付利息,提前支付要向支付对象计提折扣。1984年,通过了

---

① 马寅初:《财政学与中国财政——理论与现实》,商务印书馆1948年版,第101页。

《消减赤字法案》，授权财政部负责资金收缴和存款管理，要求政府机构使用电子转账方式、锁箱法、自动退款机制，改善与加速资金入库速度。1990年，通过了《现金管理促进法案》，其目的在于通过缩短资金划转时间确保管理效率、及时满足政府机构的资金需要。1996年，通过了《债务收缴改良法案》，要求联邦机构除极个别情况外，必须通过电子化资金划转方式实现支付，以达到消减成本、消除纸质文件与票据、加速资金流转、加强内部控制、科学预测现金流动等目的。

国库现金管理绝不能等同于盈余资金存入商业银行获益，其更本质的内涵在于：它是政府预算执行阶段的重要管理活动。它通过统筹考虑国库资金的收缴与拨付、运用与筹措，使无息或低息的国库现金维持在最低水平，借以实现政府借款成本最小化与现金盈余的投资收益最大化；它通过加快资金收缴入库速度，准确及时地拨付资金，可以提高国库资金效益，优化政府财务状况；它通过准确记录政府收支、科学预测国库现金流入与流出、编制详细可行的季度与月度用款计划，阻止计划外借债，帮助确认年度内预算调整行为，提高了财政对国库收支的控制能力。总之，国库现金管理贯穿预算执行阶段的全过程，是预算编制完成后确保国库资金安全、规范与有效的一项重要的技术性工具。

从更广的世界范围来看，国库现金管理也不是与生俱来的，更不是可以简单地等同于商业银行存款获益，它的产生与发展建立在一系列现实基础之上。其中，最重要的莫过于以下四个要件：一是先进的政府理财观念，认可财政资金的时间价值与机会成本；二是严格的预算编审管理，对财政收支运行实施具有硬约束力的、高效的计划控制；三是成熟的金融市场，具备财政资金投融资的客观场所；四是发达的信息技术，采取先进的技术手段搜集、整理与分析各类财政收支信息，并在此基础上及时做出正确的决策。认识到这一点，对于中国各级政府高效地开展国库现金管理，具有重要的理论价值与现实意义。

（二）避免以投资之名行投机之实

国库现金管理之所以能在世界范围内迅速兴起与发展，刨根究底还是因为不少国家的政府预算都面临着许多压力，而通过开展国库现金管理，则可以达到减少闲置资金，充分保证资金的流动性，改善政府现金流入与流出，获取现金投资收益等目的。然而，这些目的却不能自我实现，需要由政府财务管理者通过主观努力并采取合适的方式方法才能成为现实。在此过程中，谁都难以保证不会出现适得其反的结果。

桔县是美国加利福尼亚州的一个美丽富饶、瓜果飘香的县，因其盛产柑橘而得名。1994年的一天，县政府突然宣布损失近20亿美元，被迫申请破产保护。这就是闻名国际金融界的桔县财政破产案。桔县曾经作为一个精明的投资者而备受瞩目，与其他地方政府相比，它赚了近两倍的回报率，以至于其他的180个地方政府都将资金存放在桔县，期望获得更积极的投资收益。那么，这一次，桔县在什么地方犯了错误呢？根本原因就在于该县财政官员罗伯特·赛特隆（Robert Citron）通过债券回购交易筹集195亿美元资金，其中115亿投资于长期国债和政府机构债券，80亿美元投资于反向浮动利率期票，但由于短期利率大幅上升，最终造成巨额亏损。

事实上，由于当时经济状况不佳，美国很多地方政府都不能及时足额地支付教育经费、医疗费用、警察和其他公共服务费用。所谓金融专家就鼓励地方官员去从事投机，用投机赚钱作为地方的附加收入来源。这种馊主意，必然会带来灾害，桔县只不过是最严重的一个地方而已，其他的地方政府也曾因投机遭受了不小损失，甚至接近破产，而这些损失最后还是砍掉公共服务费和基础设施维修费来弥补。

在此之前,地方国库现金管理遭受损失的事例也不少见。华尔街媒体1992年1月22日曾报道了这样一个案例,加利福尼亚州的一个小城镇将其现金管理投资活动承包给了斯蒂芬·瓦莫的私人公司,因为斯蒂芬·瓦莫擅长国库券交易,而且承诺至少要比临近城镇多赚两个百分点。然而,斯蒂芬·瓦莫的公司事实上却是一个大型的欺诈组织。不久后,斯蒂芬·瓦莫在其新港海滨别墅被捕,并被指控犯有30条罪状,经查有14个城镇和超过1.13亿美元的投资资金卷入本案,不少基层政府最终成为了欺诈的受害者。

在瑞典,早在1989年,斯德哥尔摩市政府由于投资失误,也曾造成几亿瑞典克朗的损失,引起瑞典政府的高度重视,加快改革完善了有关监管制度。自此以后,再也没有发生过大的事件。美国地方政府之所以屡屡出现失误而得不到解决,与美国独特的崇尚自由的文化传统有着密不可分的关系,一定程度上延缓了问题的解决。但问题最终还是解决了,而且是通过法律一劳永逸地得到了解决。

从深层次上来思考,上述案例向我们提出了地方国库现金管理中最为关键的一个问题,即如何避免以投资之名而行投机之实。换句话说,地方政府在获取收益的同时要将风险降到最低,并且一定要将可能发生的损失控制在可承受范围内,这在客观上需要建立完善的地方国库现金管理体系。

(三)建立完善的地方国库现金管理体系

从国外实践来看,为有效管理国库现金,发达国家普遍建立了较为完善的、覆盖全国范围的国库现金管理体系。第一,将政府现金余额集中于国库单一账户;第二,准确、科学地进行预算收支预测,如果预测不准确,就有可能发生从货币市场借入资金来支持现金需求，这个成本也是相当大的；第三，设立国库现金的专门管理机构，或独立设置，或在财政部门内部，或委托央行或商业银行代理；第四，建立科学严格的预算编制与审核管理制度，为高效的预算执行提供必要的前提条件；第五，修订与制定相关法律、法规和管理办法，对国库现金管理活动的具体内容做出明确规范；第六，在中央政府层次上，还需合理划分财政、央行在国库现金管理中的责权利，确保财政、货币政策的协调执行。

从理论上讲，上述体系框架对中央与地方国库现金管理活动都适用。然而，地方国库现金管理毕竟与中央国库现金管理存在着很大的不同。从基础上看，中央财政所面对的收入与支出规模相对较大且集中度较高，而地方财政所面对的收入与支出则更加分散和细微。从目标上看，中央政府实施国库现金管理一般都要将成本效益目标和政策目标结合起来，受双重目标要求的约束，而地方政府在货币市场和资本市场中更像一个企业，往往只追求单一的成本效益目标。从工具上看，中央国库现金管理中对金融工具的使用有较多限制，只允许使用安全、简便、易操作的金融工具，而地方国库现金管理中可使用的金融工具却非常丰富。从风险上看，中央国库现金管理面临的更多的是政策风险，即现金管理政策与财政政策、债务政策及货币政策之间的协调，而地方国库现金管理面临的更多的则是资金风险，即遭受资金损失的程度。

根据上述分析，地方国库现金管理的制度设计有其特殊性，重点应放在现金管理的具体操作规范上，尤其是现金余额投资规范上，主要体现在投资方向约束、投资比例约束、投资工具约束、投资代理人约束等方面。具体而言，所谓投资方向约束是对可能开展的短期投资、固定收益投资、不动产、公司股票及其他资产投资等方向做出的具体规定；所谓投资比例约束是指对不同投资项目在总投资额度中所占比重的具体规定；所谓投资工具约束是指对不同投资工具如中央政府债券、地方政府债券、国外政府债券、储蓄单据及银行兑票、公司债券、回购协议、货币基金等在品种及额度或比例上做出的具体规定；所谓投资代理人约束，是对投资操作行为及其过程做出的具体规定。在这些问题上，国外发达国家的城市现金管理可以为我们提供充分而翔实的案例与借鉴。

（四）组建高效的公共投资平台

由于各地经济发展水平差异较大，各级地方政府的闲置资金余额并不相同，这就造成了各地对闲置资金投资的差异化需求。一方面，闲置资金数量较少的地方政府，可能会发现投资运作的收益还不足以弥补投资带来的成本；另一方面，闲置资金数量较多的地方政府，则有雄厚的资金设立专业投资机构，以追求较高投资收益。这一矛盾的出现，更加突显出不同地方政府之间协调配合的必要性。

对此，发达国家往往通过组建公共投资机构，来解决这个问题。根据1995年的调查发现，美国共有15000个地方政府参与了州政府管理的公共投资机构。这些地方政府将闲置资金交给公共投资机构，公共投资机构通过专业人才，为不同要求的资金制定"量身定做"的投资方案，使各级地方政府获得最为理想的投资方式。当然，有些地方政府可能会选择资本市场上的机构投资者，但这种方式具有很大风险，因而被很多国家所禁止。由此可看出，高效的公共投资平台，是实现地方国库现金管理效率最大化的重要基础。

二、地方国库现金管理的模式选择

在既定法律与制度框架下，地方政府如何开展国库现金管理还需处理一个更为根本的问题,即地方国库现金管理的决策与操作是集权还是分权,是由地方政府自主做出,还是由中央政府或相对高层级的政府做出。纵观世界各国的具体实践,地方国库现金管理模式大致分为分权型与集权型两种。

(一) 地方国库现金管理模式的两种类型

所谓分权型,是指中央和地方政府各自负责自己的国库现金管理,中央政府对本级国库收支进行合理统筹安排和投融资,地方政府自主管理本级的国库现金。比如,美国各州政府的现金管理与联邦政府的现金管理有很大不同,州政府可以采取商业银行存款、货币市场运作等多种方式进行现金管理;英国地方政府可以自由地投资盈余现金,还可以获取来自中央政府的长期借款;澳大利亚财务管理办公室(AOFM)负责管理中央政府的现金管理,州政府作为独立的实体,拥有自己的财源以及相应的责任,而且还可以获得中央政府的转移支付资金,各州政府的国库现金管理由国库公司负责。

所谓集权型,是指国库现金管理的权限集中到中央政府,地方政府不能根据自身情况进行国库现金管理。比如,法国国库现金管理不仅包括中央政府的国库现金,而且包括地方政府的国库现金,决策权完全在财政部,即财政部通过在中央银行设立的国库单一账户控制中央政府和地方政府的收入收缴和支出支付,地方政府要将其盈余资金存放在中央银行的政府账户中[①],并且不计息,但可以向中央银行自由借款。实践中,回购协议和借出现金是法国国库现金管理的主要的做法。在德国,联邦政府和地方

[①] 法国地方政府每日现金预测大致在 -30 亿至 30 亿欧元之间波动,由地方政府和其他公共机构完成交易而产生的出入中央银行账户中的资金,几乎是中央政府部门资金量的两倍。

政府都设立了现金管理办公室，但是，每个营业日终了，各州现金管理办公室的资金余额都要汇到联邦账户，各州现金管理办公室所需支付的款项也要从联邦现金管理办公室调拨，而当联邦现金管理办公室资金有盈余时，盈余资金即转到财政部在联邦银行支付系统开立的账户中，在隔夜市场上进行投资。这样做，可以有效使用资金，并且对全国各地国库收支有个全面系统的了解，便于货币政策的实施和制定。

（二）国外地方国库现金管理的模式比较

一个国家的国库现金管理在纵向上的权力分割到底是集权还是分权并无一定之规。联邦制国家的国库现金管理既有分权型，也有集权型；单一制国家的国库现金管理也是既有集权型，也有分权型。但是，归根结底，是集权还是分权，只有一个原则，即要依自身的国情而定，适合自己的才是最好的。换句话说，分权型与集权型相比孰劣孰优，不能一概而论。但总体上说，分权型具有有利于发挥地方政府的积极性、节约交易成本等优势，但也具有抗风险能力差、投机冲动强、监督管理薄弱等不足；集权型则具有便于风险控制和风险管理、便于宏观调控、便于公共政策的协调与实施等优势，但也具有交易成本高昂、对地方政府难以形成合理的激励约束机制等劣势。各国对这两种相对立的类型的取舍及运用，完全取决于自身的具体情况。当然，在实际运用过程中，可以采取两种类型在某种程度上的结合体，更有利于调适不同地区、不同情况下的具体需要。

据国际货币基金组织的一份工作报告[①]显示，一个国家的国库现金管理纵向上的权力分割需要放在更为广阔的视野下进行决

---

① Eivind Tandberg, Treasury System Design: A Value Chain Approach, IMF Working Paper(WP/05/153).

策与选择。爱文德·坦博格（Eivind Tandberg）在这份工作报告中比较了发展中国家、转型经济国家、发达经济国家三种类型共七个国家（美国、法国、挪威、保加利亚、俄罗斯、巴西、南非）的国库体系及其集中化程度，为我们总结出一些颇有价值的规律性认识。一是国库现金管理是整个国库体系中的重要一环，一国国库体系的集中化程度很大程度上决定了国库现金管理的集中化程度。二是不同国家的国库体系在不同环节上的表现各有差异，比如，与发达国家相比，发展中国家的政府财务管理能力较弱、转型经济国家的国库控制和财务纪律较差，这在很大程度上决定了中央政府适合在何种层次上、多大程度上对国库体系进行分权。三是发展中国家和转型经济国家一般采取高度集中化的国库体系，而发达国家国库体系的集中化程度较低。

（三）中国地方国库现金管理模式的现实选择

法国作为发达国家实行了高度集中、严格管理和控制的国库体系，主要源于其政治传统，而非管理混乱风险所致。据悉，法国目前正在扩大对预算单位职责授权的分权改革。由于很少有发展中国家有能力对所有的付款承诺进行事前事后的有效控制，很少有能力建立跨政府范围的财务管理信息系统，国库管理的基础设施也往往不能确保收入立即划入国库单一账户，这就意味着国库现金管理不能在更深层次上实行分权；相反，在美国等发达国家，已经基本解决了发展中国家和转型经济国家正在面临的宏观与微观控制问题，事前控制已被强大的事后会计责任所取代，而各级地方政府乃至预算单位都拥有足够的财务管理能力和发达的财务服务市场，这就决定了可以在更多层次上、更大程度上进行分权。对我们这样一个发展中国家而言，承认这一点则意味着地方国库现金管理还是要走适度集权的道路。

三、中国地方国库现金管理面临的问题与挑战

在我们给中国地方国库现金管理制度和体制设计下最后结论之前，还需要更为细致、深入地分析地方国库现金管理可能的、外在及内在的条件约束。粗略看，当前中国地方国库现金管理还面临着六个方面的问题与挑战。

（一）中央与地方政府之间的财政体制划分

中央与地方政府之间的财政体制划分不清。尽管1994年分税制改革以及随后的小范围调整，使得中央政府与地方政府之间的收支划分基本清晰，但也不能忽视现行分税制运行中存在的一些不足。由于上级政府掌握"游戏规则"的制定权，在支出责任和财权的划分上具有相对优势，还可采取权力、激励、代替决策等方式，将本应由本级负担的费用强制下级负担；迫于上级政府不断传递的财政支出压力，下级政府总是试图凭借熟悉当地社会经济各项事务的绝对信息优势，采取侵占上级收入、向上转移支出及逃避实际支出责任等途径，倒逼上级财政负担支出。上下级政府间的这种博弈，从根本上有悖于分税制的原意，而作为分税制的重要内容之一的政府间转移支付制度也远未实现科学化、规范化，结果必然导致各级政府的收入支出不能厘清，无法在各政府层级之间清晰地界定本级政府所属的收入现金流量，也就无法清晰地切分由国库现金管理所带来的收益，从根本上不利于建立完善的国库现金管理体系。

（二）中国政府预算约束机制与控制力度

中国政府预算约束与控制力度薄弱，预算编制与执行的不合理因素影响国库现金管理的前瞻性。20世纪90年代中后期，政府拉开了预算管理制度改革的帷幕。"改进预算编制方法、提高

预算执行水平、加强支出控制、提高资金效益",成为预算管理制度改革的主要方向。部门预算、国库集中收付制度、政府采购制度、"收支两条线"管理、政府收支分类科目设置、预算会计制度、"金财工程"建设等各项改革相继推开,并在诸多方面取得了显著成效,但依然存在不少问题①。主要表现:预算编制时间短、视野窄、不细化,没有编制3~5年的滚动预算;预算收支中长期、短期预测机制尚在建立与完善之中;预算编制方法还存在一定缺点;预算编制程序尚需改进;预算执行中调整行为随意性大;大量的资金支出缺口与大量资金结余同时存在。这些问题凸显出我国政府预算管理、执行效率和财政资金调度能力亟待提高。从理论上看,产生这一问题的矛盾根源并非局限于预算编制与执行环节,预算管理理念乃至公共财政体系上的不健全,都有不可推卸的责任。

(三) 地方政府收入构成及规范度

政府非税收收入尚未全面纳入国库管理,地方政府债务问题也需进一步理顺,弱化了政府对财政收支的控制能力。经过多年来的努力,我国收入管理的规范程度得到了很大程度的提高。但由于多方面因素的影响,大量的政府非税收入依然游离于国库管理之外,收支管理粗放,监督机制软化,既扭曲了财政收支分配结构,分散了国家财力,又使国库现金残缺不全,无法全面、准确、完整地反映国库收支情况,因此从长远和全局来看,不将全

---

① 2006年春,媒体披露了天津海事法院的程伟案件。程伟系天津海事法院一名普通的财务人员,在长达十多年的时间里,挪用财政经费1000多万元,挪用法院执行款9000多万元,累计金额上亿元。案发后,更是牵连出若干参与违法犯法的银行职员、接受贿赂而徇私枉法的司法人员。其涉案金额之大,案件性质之恶劣,堪称1949年以来公检法司法系统内部经济犯罪第一案。程伟案件的发生,绝对不是偶然的,它表明中国加强政府预算及国库管理、推进相关制度改革的任务仍很艰巨。

部非税收入纳入国库管理，就谈不上真正意义上的国库现金管理，也必然会偏离国库资金保值增值的目标。此外，地方政府债务也给地方国库现金管理带来很大的麻烦。虽然我国法律禁止地方政府借债，但地方政府早就以各种名义、想尽千方百计、通过多种途径筹集资金，形成种类繁多的地方政府债券替代品①，不仅形成了政府的实际债务，而且债务收入的现金流量也未纳入政府财政的管理，更未纳入国库管理，积累了不少隐患。

（四）地方政府的投机冲动与约束

易于发生借现金管理之名行投机之实的问题。改革开放前，中国政府管理范围之广，几乎到了无所不包的地步。1978年后，数次政府机构改革将全能型政府逐步改造为经济建设型政府，走改革开放之路，促经济增长与发展，成为各级政府的第一要务。改革进行到今天，发展不仅成为地方政府的政治任务，而且也具有了现实的经济动力，地方各级政府已经日益成为相对独立的利益主体，加之上级政府也正在赋予下级政府更多的自主权，基层政府也越来越接近于有职、有责、有权的公共体。当前问题的关键不在于地方政府有多大的自身利益，有多大的投机冲动，而在于如何使得地方利益及其冲动在一个合理、合规、合法的框架下运行，而这一框架恰恰是我们当前最为缺乏的，这也就难以保证

---

① 中国改革开放早期的城市基础设施特许权授予中，有相当数量的项目是以合同形式，保证外商获得某一固定的投资回报率，把回报率的预期值变成由政府保证的固定收益，这实际上就是债券。20世纪80年代重新兴起的信托机构在高峰时期多达上千家，大部分是地方政府的债务融资渠道。1998年后，国家开发银行开始实现从政策性金融向开发性金融的过渡，以地方政府为贷款对象、以地方土地收益或税收收入为担保"打包项目"贷款走向大江南北；各商业银行或是以"委托贷款"名义，为地方城建集团等国有企业筹资上项目，或是以土地收益、税收收入为质押，向地方政府提供建设资金。上述行为，无不形成对地方政府债券的替代。实践表明，上述种种途径形成的地方债券替代，既取得了斐然成绩，也积累下诸多问题。

不会出现类似美国桔县破产案之类的结果。

(五) 地方政府的风险管理与控制

风险管理与控制是国库现金管理的一个重要内容,尤其是在现金投资活动中,风险的高低与收益是成正比的。尽管我们可以从法律和制度的层面上规定地方政府可以开展或不可以开展的国库现金管理活动,然而在现实中,却不能保证不会发生违反法律法规或突破法律边界的行为,尤其是在国库现金管理的初期,往往更容易发生投资失败而蒙受巨额损失。从某种角度看,我国的实际情况也不允许地方国库现金管理活动中出现大的风险。一方面我国资金短缺现象依旧突出;另一方面地方财政尤其是县乡财政困境尚未从根本上得到缓解。而要做到不出现失误,只有防患于未然,从根本制度上有效规避风险。

(六) 地方国库现金管理的基础设施

我国国库改革在过去几年建立国库单一账户制度基础上,在很多方面取得了很大的进步,但整体的基础设施和人力资源状况依然不容乐观。国库单一账户体系尚未在全国建立起来,愈是到基层政府,这一现象越是突出。与发达国家的金融市场相比,我国的货币市场成熟度仍需大力提高。政府财政管理信息系统、现代化银行支付系统、电子化的结算和拍卖系统建设、抵押品管理、机构建设、专业人员配备及其能力建设等,都还需要经过相当长一段时期的努力才能得到逐步发展与完善。

四、地方国库现金管理的经济影响

(一) 国库现金管理对地方经济发展的促进作用

根据已有经验来看,开展国库现金管理,可以有效促进地方经济发展,具体表现在以下几个方面。

1. 为地方经济发展提供更好的政策环境

"分税制"改革以来,地方政府本级财政收入远不能满足支出需要,差额部分由上级政府的转移支付,以及各种变相的债务融资弥补。地方国库现金管理的实施,有利于激发地方政府理财的积极性,既不增加当地的税收负担,又为地方财政开辟了新的收入来源。一方面可有效配合中央制定的积极财政政策,增加对广大民生领域的支出;另一方面也有利于其灵活运用各项投融资机制,提高财政资金的使用效率。

作为财政政策与货币政策的联结点,高效的国库现金管理也有利于实现货币政策目标,为地方经济发展提供更好的政策环境。主要包括:一是稳定的"库底"资金余额,使财政资金对基础货币的干扰变得微乎其微,避免与中央银行操作目标相背离的资金投放;二是加强财政部门与人民银行的合作,使货币政策目标更加切实可行,提高政府对宏观经济的整体调控能力;三是发达的国库现金管理体系,有利于增加当地金融产品供给和需求,加快金融产品的流通速度,进一步促进当地金融市场的发展。

2. 为地方经济发展提供更强的管理基础

国库现金管理作为政府理财的重要手段,可全面提升政府资金的收支管理、余额管理和风险管理水平。在收支管理方面,财政部门通过制定相应的规章制度和奖惩措施。一方面加快财政收入的入库时间;另一方面尽量推迟资金出库时间,从而增强政府对财政资金的控制力。在余额管理方面,财政部门引入货币"时间价值"原则,通过运用各项筹融资措施,使"库底"资金尽量保持较低余额,在保证安全性和流动性的前提下,将不同到期期限资金投资于相应的金融产品,以获取更高收益。在风险管理方面,财政部门通过细化预算编制、披露各级政府债务信息、建立完善现金流预测机制、增强与其他政府部门信息交流等方式,提前掌控财政资金未来的变化趋势，进而全面提高风险应对能力。

除了提高政府理财水平之外，开展国库现金管理对于理顺财政部门、人民银行、商业银行等机构之间的关系，加强各部门宏观调控配合能力，也有重要作用。一是政府部门通过将资金时间价值、分散投资、资产负债管理、收益和风险相匹配等现代财务管理理念引入到国库管理中，有利于加快现代财政国库管理体系建设，增强国库部门控制预算执行的能力。二是国库现金管理以现金流预测为基础，而现金流预测一方面需要依据预算单位上报的用款计划，涉及财政部门的不同机构；另一方面则依赖海关、税务、人民银行、商业银行提供的相关信息，使财政部门在掌握资金流向和金融市场最新情况的前提下，做出合理决策，以促进宏观调控目标顺利实现。

3. 在满足财政支付的基础上提升国库运行效率

国库现金管理遵循"安全性、流动性、收益性"原则。国库现金本身是财政性资金的一部分，都有具体的预算使用安排，只是暂时存放于国库单一账户，因此必须保证其安全性和流动性，在此基础上才可以考虑收益性。随着现代财务制度和金融市场的发展，国库部门不再像过去仅仅充当政府"出纳"的角色，在管理财政资金时可更方便地调集、运用资金，对闲置资金进行有效投资，从而更好地控制预算执行、保管政府资产，即使出现临时性的余额不足，也可通过发行债务、在金融市场上借入资金等手段，弥补资金缺口。

实际生活中，各国政府的实践也充分证实了这一点。美国的国库现金管理采用商业银行存款制，闲置的国库资金除了赚取利息收入以外，还可用来应对突发性的支出需要，例如，2008年美国政府救助花旗、通用等企业时的临时性筹资，便是很好的例子,而这些投资目前都获得了丰厚的收益。中国也是如此,据不完全统计,自从中国开展国库现金管理以来,已获得收益(或减少支出)120余亿元。由此看出,开展国库现金管理,对提升国库运行效率、降低财政筹资成本,以及实现政府资产的保值增值,具有重要意义。

4. 有助于更好地提高地方财政透明度

中国财政体制分为中央和地方两个层面。在中央财政层面,各种信息比较透明,国债数额较为固定,用途相对明确,债务管理比较科学,风险处于可控程度内。在地方财政层面,尽管国家不允许地方政府直接发行地方债,各级地方政府仍通过地方融资平台、变相担保等各种方式,积累了大量的隐性债务。2008年以来,由于土地出让金等非税收入明显减少,地方政府筹集财政收入的能力下降,而积极财政政策下财政配套支出却大幅增加,更加刺激了地方政府的举债冲动。

2009年起,中央政府开始代理地方政府发行债务,债务的本金和利息直接由中央财政代为扣除。实际上,由于债务并非地方政府直接面对投资者发行,其中包括中央财政的"担保",因此我国还未建立真正意义上的地方债,地方政府也没有披露财务信息的压力。如果开展地方国库现金管理,地方政府必然要建立相应的筹资机制,进而建立、完善相应的地方债发行制度,加大地方政府财务信息披露力度,从而推动部门预算、债务发行、政府会计等制度的改革,进一步提高地方政府的财政透明度,从而在整体上提高地方政府财政运行效率。

5. 有利于促进地方政府信息化建设

信息化建设是电子政务建设的重要组成部分,是国民经济和社会发展的客观需要,也是实现社会主义现代化的必经之路。目前,我国地方政府信息化水平较低,系统性的理论指导不够,缺乏统一的建设标准，基础设施比较薄弱，管理人才匮乏，管理经验不足，制约了当地经济的进一步发展。如前所述，国库现金管理的高效开展，离不开财政部门、预算单位、海关部门、税务部门、人民银行、商业银行等多个机构之间的配合，并对信息化系统的建设提出较高要求。

以开展国库现金管理为契机，地方政府可建立财政部门、人民银行等相关部门间的日常"会晤"机制，通过统一规划、统一标准、引入先进人才和技术，建立同一部门内部、不同部门之间的横向联网和信息交流机制，达到统筹管理信息化建设的目的，既可实现各项信息的顺畅交流，又能避免重复建设造成的浪费。

（二）国库现金管理对地方经济可能造成的不利影响

这里首先需要明确两个问题：一是不同集权程度下对地方经济发展的影响不同；二是不同投资模式下对地方经济发展的影响不同。

首先，在中央集权模式下，国库资金集中于中央财政，用于投资的资金以市场化原则进行配置，必然更多地流向经济发展程度较高、资金收益率较高的发达地区，会造成变相的"从贫穷地方输血给富裕地方"的局面，即使考虑到国库现金管理带来的投资收益，由于"马太效应"，可能会加剧地区间贫富差距。在地方分权模式下，国库资金由地方政府进行管理，相比中央集权而言，会更多地留在本地，支持当地经济发展。但如果中央政府不进行适当调节的话，富裕地方获得的收益必定高于贫穷地区获得的收益，也会间接地扩大地区间贫富差距。

其次，在商业银行存款模式下，地方政府实施国库现金管理，有利于将资金从本地中央银行支行，转移到当地商业银行，相当于为当地经济输入资金，使商业银行有更多资金用于发放信贷，由于投资的支出乘数作用而促进当地经济发展，反过来促进当地的税收提高，地方政府也可在持续发展的经济中获得更多财政收入，形成良性循环的局面。

考虑到以上两点因素，国库现金管理可能会对地方经济发展带来不利影响，具体表现在以下几点。

1. 加大不同地方间的区域差异。如果没有地域限制的话，由于资本具有"逐利"本性，金融市场上的闲置资金必然流向收益率较高的地区，因此不同集权程度、不同模式下的国库现金管理制度，可能会形成资金从落后地区流向发达地区的情况，造成变相的"劫贫济富"，扩大地区间的贫富差距，进而引起地方政府间为抢夺国库资金进行的竞争，并且形成变相的地方保护主义，例如有些地方政府为招商引资而爆发的恶意竞争行为，就是应当汲取教训的前车之鉴。此外，由于多方面因素的影响，我国地方政府的收入规范度较低，大量政府非税收收入仍游离于国库管理之外，使国库现金残缺不全，无法全面、准确、完整地反映国库收支情况。实施地方国库现金管理后，各地金融市场得到进一步发展，地方政府更有动力将政府非税收收入滞留在当地，以获取更高收益，这也不利于中央政府通过转移支付缩小地区间差异。

2. 增加地方金融市场的系统性风险。一般而言，国库现金量通常较大，一方面，如果过分投资于某一领域，会对金融市场造成较大冲击，造成货币政策的信号失真，影响中央银行和其他投资者的判断；另一方面，如果不在交易品种、交易期限、交易对手等方面加以分散和限制的话，很容易对地方金融体系带来较大冲击，对经济发展带来负面影响，这可以从美国"桔县投资债券市场失败案例"得到一定的启示。1994年，桔县地方政府由于投资债券失败，财政损失近20亿美元，也直接影响了德克萨斯州地方政府公共资金的机构投资池——Textpool。桔县政府宣布破产后，德克萨斯州地方政府从 Textpool 中提取了3亿美元。一周后，又提取了22亿美元资金，占Textpool资金余额的59%。为满足临时大量挤兑造成的现金流支出，德克萨斯州政府购买了TextPool证券。这一系列行为导致德克萨斯州损失超过5500万美元，对当地金融市场造成了较大负面影响，增加了当地金融市场的系统性风险。

3. 出现"道德风险"问题。我国地方政府具有较强的投机冲动，易于发生借现金管理之名行投机之实的问题。实践中，我国地方政府制定政策的权力较小，在实施国库现金管理时，主要考虑现金管理带来的收益率，因此很容易出现"道德风险"问题。

目前，我国大部分财政收入首先集中于中央，再通过转移支付将部分资金返还给地方政府。由于我国预算制度还不够完善，地方政府挪用预算资金（特别是一些经常性预算），并在事后要求追加预算的事例屡屡发生，这就变相加重了中央财政的负担。实际上，地方政府为了追求自身利益，往往不会按照"风险性与收益性相统一"的原则，支配财政资金。对于国库现金管理，地方政府可能会更多地追求高收益，而对金融产品的风险性可能考虑不足，再加上一些官员认为"出了事有中央财政兜底"，更加会"以投资之名行投机之实"，不利于当地经济社会的科学发展。

五、中国地方国库现金管理的方案设计

建立一套科学、合理、完善、适用于全国各级政府的国库现金管理制度与机制，是一项非常复杂的系统性工程，也是一个相对较为长期的改革任务，需要分步骤、有计划地去实现。具体而言，应坚持四项原则：一是选择适合我国国情的管理制度与体制模式，科学界定现金管理的具体目标与主要职能；二是确定最优

的改革路径、重点及先后顺序，先易后难、由点及面、由表及里地逐步推进与完善；三是先立法或立规、后改革或试点，确保依法开展各项国库现金管理活动；四是整体推进各项配套改革，提高各级政府部门及预算单位的财务管理水平。

（一）理顺相关部门间的关系

国库现金管理需要多个政府部门的配合，必须理顺相关部门间的关系，其中最关键的一点，是协调好财政部门与人民银行间的关系。

1. 应当明确财政部门与人民银行各自的职能定位。国库现金属于财政国库库款的一部分，财政部门理应对这部分资金享有管理权，再加上国库现金管理涉及的现金流预测、国债管理等职能，均由财政部门负责实施，因此在法律上，必须确立财政部门作为国库现金管理主管部门的地位。而人民银行应专职于保持货币币值稳定，并且与财政部门积极协商，对于国库现金管理对货币政策可能造成的影响，提出相应的建议，在此基础上执行财政部门发出的操作指令。

2. 必须加强政府部门间的合作。为加强合作，财政部门与人民银行应建立分层次的定期会晤机制，在政策决策、操作管理等方面进行磋商。会晤内容主要包括三个方面：一是应对上一期的会晤内容进行简要回顾；二是重点讨论本期宏观经济形势、财政收支情况及预测、本期国库现金投融资的操作规模与方式；三是初步协商、确定下一期的会晤内容及重点。除此之外，财政部门还应保持与海关、税务、商业银行等部门的密切联系，并对预算单位建立大额支出报备制度，实时监控预算部门的资金动态，以提前了解财政收支信息。

3. 可以考虑在现有框架的基础上，组建专业的公共投资平台。成立专业、高效的公共投资平台，一方面可以满足不同地方政府的投资需求，为其灵活的投融资管理奠定基础；另一方面也可为工作人员提供市场化的薪金报酬，有利于吸引优秀的金融人才从事国库现金管理工作，从而更好地促进当地金融市场的发展。

（二）构建合理的地方国库现金管理投融资策略

地方政府开展国库现金管理是大势所趋。中央政府应对地方国库现金的投资方向、投资比例、投资工具、投资代理人等方面做出规定。

1. 使地方国库现金投资于高收益、低风险的投资组合。对此，高风险的投资工具，如股票、期货等严加禁止使用；政府债券投资占资产组合的比例，应当有一个明确的、合适的限制；其余部分的国库现金余额，可在商业银行以定期存款或协议存款等方式进行投资，但所有存款都必须有100%的抵押品。通过完善各种操作工具，地方政府也可避免交易工具、交易对象、交易期限的过度集中，从而有效降低当地金融市场的系统性风险。

2. 使地方政府的投融资活动透明化、规范化。中央政府应参照国际上对政府债务的管理规范，严格约束地方政府的融资规模与风险水平；同时，对地方政府的融资方式、用途做出明确规定，并按照短期融资与中长期融资的不同要求来分别实现。此外，进一步改革政府会计制度、预算报告制度，使地方政府及时公开地披露其融资活动。

3. 使地方政府国库现金投融资决策权、操作权适当向上集中。在地方国库现金管理的初期，适合由财政部或由省级财政部门主导，集中通盘考虑本级所属的地方国库现金。这样做有利于财政政策、债券政策及货币政策之间的协调配合，有助于增强国库现金管理的透明度、公共性和可控性。为保障资金安全，地方国库现金管理要同中央财政一样，实行严格的担保或抵押制度。

操作流程上,首先由地方财政会同国库部门进行申请,人民银行根据市场情况决定运作时机和方式,并在规定时间内将信息返回地方国库部门,待地方财政确认后,将资金划转国库部门为其开设的专户,并按照有关规定办理相关业务。

(三) 建立责权利相统一的政府理财机制

国库现金管理是一项复杂的系统工程,涉及众多部门和单位,需要各相关主体共同发挥职能作用,形成既明确分工又相互协作的良好机制,才能实现公平、有效的管理目标。

1. 纵向上进一步完善各级政府责权利相统一的理财机制。我国政府体系分为五个层级。目前,我国各级政府的资金持有关系尚未有效规范,不规范占有或使用资金的情况还存在,这就需要按照责权利相统一的原则,从体制上将资金关系彻底划清,属于中央的资金要及时缴入中央国库单一账户,属于地方的资金也要及时缴入地方政府国库单一账户。除此之外,中央与地方之间、地方各级政府之间的资金往来都应视作借贷关系,需要按照"有偿使用"原则处理双方关系,切实保障各自的利益。

2. 横向上进一步完善政府预算管理制度,实现财政、央行、商业银行和各预算单位之间的利益协调。国库资金的有效运作需要财政、央行、商业银行及各预算单位的共同努力。从委托代理角度看,委托方具有决策优势,而代理方具有信息优势,双方始终处于不停的博弈之中。为形成良性的博弈格局,客观上需要相关利益者充分表达各自的动机、偏好,因此需要决策者与管理者之间建立良好的信息传导机制,并进行集体的公共选择。只有这样,才有可能避免最坏结果的发生。基于此,各相关部门应从手段创新和业务模式再造上提高工作效率,加快信息化建设步伐,以实现国库收支全过程信息共享。

3. 通过转移支付等方式,缩小地区间贫富差距,消除可能出现的区域分割现象。前面已经讨论过，一旦实施地方国库现金管理，可能会加深不同地方间的区域分割，并引起各地方政府间的恶性竞争。为此，中央政府在设计理财机制时，应有效发挥调控作用，把国库现金投资所获收益的一定比例，按照相应权重分配给较不发达地区，使各个地方政府充分享受到投资收益带来的好处。

（四）完善国库管理体系的法律与制度框架

当前，我国现行的国库制度是双重代理制度，按照中央银行的机构设置，在设置中央银行分支机构的地方由中央银行代理国库，没有设置中央银行分支机构的地方由商业银行代理国库。在此制度下，就央行国库而言，其人员编制少，受重视程度低；就代理国库商业银行而言，既没有国库人员编制，也不是商业银行的主要业务。显然，由此带来诸多弊端与不足。这就需要建立健全我国国库管理体系的法律与制度框架。

1. 继续完善代理国库制度与国库单一账户体系。一是建立健全国库单一账户体系，包括国库总账户、财政账户、部门或预算单位账户等三个不同层级的账户，充分发挥国库单一账户所具有的反映财政资源分配与再分配、实施财政控制、进行会计核算等多项功能。二是完善代理国库制度。一般而言，国库业务中的国库单一账户开设与维护、资金存放、资金清算等业务适合由中央银行代理，收入收缴、支出拨付等业务可以由商业银行代理，商业银行在代理现金存放时，可在具备相应抵押品的情况下运用部分国库现金。三是强化国库监督控制机制。在国库现金管理开展以后，央行需设立专门机构监控商业银行留存的抵押品，财政部门依据抵押品的情况对国库资金分配做出具体决策，权力机关作为最高层次的国家机构，监督整个国库收支情况。

2. 在科学确定国库最佳现金持有量的基础上，不断改善国库现金变化情况。一方面，财政部门通过统筹运用科学的计量方法、历史数据的经验分析、未来收支的准确预测等方法，在国库收支运动中确定国库最佳现金持有量，确保各支出机构及时获取所需资金，以最大限度地减少预算执行中的调整行为；另一方面，财政部门也应采用先进的制度与技术，以尽可能地加速资金入库、延缓资金出库，达到降低资金成本、提高资金效益的目的。

3. 在预算编制、金融管理等多个层面，由相关部门进行配套改革。主要内容有：一是大力推行预算管理制度改革，强化资金控制，提高资金效益，将分散存放的财政资金尽早集中于国库单一账户中；二是推进预算会计制度改革，在会计核算中逐步引入权责发生制，及时确认、计量负债，以确保财务合规性与财政资金的可持续性；三是建立一个成熟的货币市场，通过增强金融市场流动性、培育市场参与者、丰富交易品种等措施，为财政部门高效管理国库现金提供良好的市场环境；四是加快推进政府信息系统建设，为国库收支的高效运作提供坚实的技术支撑；五是修订相关法律、法规和管理办法，促进依法行政、依法理财目标早日实现。

第八章 现代国库"数目字管理"能力建设

在反思中国近代百余年屈辱历史究竟"因何落后，为何挨打"的问题时，著名学者黄仁宇先生①在他的《万历十五年》中提出，根源在于我们是一个"不能在数目上管理的"（mathematically unmanageable）国家，不仅是我们，"今日很多国家，其实其内部都还有很多不能在数字上管理的原因"，而时常侵略别国的国家大都可以实现"数目字管理"。② 我并不认为这是国家兴衰的全部原因，但我承认，这毕竟是一个不可忽略且极其重要的方面。

一、何为"数目字管理"

（一）"数目字管理"的关键点

在我看来，"数目字管理"是指整个社会资源均可如实以数

---

① 黄仁宇（1918~2000年），历史学家。1936年进入天津南开大学电机工程系就读。抗日战争爆发后辍学，先在长沙《抗日战报》工作，后入国民党成都中央军校，1950年退伍。凭在美国陆军参谋大学所修的学分获密西根大学的录取，攻读新闻系，1954年获学士，1957年获硕士，其后转攻历史系，并于1964年获博士学位（博士论文为《明代的漕运》），成为学者余英时在密歇根所指导的唯一博士生。1979年黄仁宇离开教学岗位，专心写作，先后出版了《万历十五年》《中国大历史》，以"大历史观"享誉华人学界。

② 黄仁宇：《万历十五年》，生活·读书·新知三联书店1997年版，第274~281页。

字计算，整合进一个记录系统，可以自由流动和交换的管理系统，其关键点是信息。一切行为，都会留下相应的信息；一切需求，也都有赖于充分的信息才能变成现实。

2000年，美国学者钱德勒①出版了一本专著——《信息改变了美国》。钱德勒在这本书中反思了一个问题，为什么美国在这个世界上是唯一的超级大国，是什么让美国成为全世界唯一的超级大国？他在书中提出来一个观点，不是因为军事实力，也不是因为拥有航天航空技术，而是因为美国构建了很坚实的信息高速公路及其网络体系，夯实了国家治理的"基础设施"。②

钱德勒提出，"信息以前是、今后仍然是一个国家基础设施中几乎看不见的组成部分"。我们大家都很清楚，公路、铁路、桥梁、航空、水运等，都是重要的基础设施，但我们熟视无睹的各种信息，尤其是各类财政收支信息，也是构成整个国家基础设施当中的重要内容。

无论过去，还是现在，信息都是一个国家的重要基础设施之一。它是分割权力的基础，也是行使权力的前提；它是利益的具体反映，也是利益兑现的重要工具；它是控制的依托，也是控制的桥梁。可以说，信息是紧密联系着政治、经济与社会的不可或

---

① 阿尔费雷德·D·钱德勒（Alfred D. ChandlerJr.，1919-2007）商业史学家，哈佛大学商学院研究生院 Strauss 商业史荣誉教授，著有《战略与结构》《看得见的手》《规模与范围》《信息改变了美国》等，曾获得包括普利策奖和班克洛夫特奖在内的许多奖项。

② 《信息改变了美国》讲述了19世纪晚期到20世纪美国经济社会发展变化进程中因为信息而发生过的史诗般的传奇故事。美国人认为，了解真相是一个公民应尽的义务，只有了解真相，他们才能选择英明的管理者，才能保证官员和政府在其合理合法的范围之内行使职权。从这一角度而言，信息成为300年来推动美国转型的力量！今天，我们正在信息基础设施建设上迎头赶上美国，但是，今天的中国与当年的美国到底有什么样的区别？而这种区别，将导致什么样的结果？中国又如何才能战胜美国？这些问题仍然需要我们深入思考。

缺的基础性要素。从某种意义上讲，人类的发展史就是一部信息处理变革史，财政的发展史就是一部财政信息处理变革史。

然而，直至三百年前，人类的信息处理能力依然非常有限，信息服务的对象范围很小，信息民主程度也极其低下。也只是到了工业革命之后，铁路、火车、电力、电报、电话的发明与应用，才奏响了信息时代即将到来的前奏。真空电子管技术的问世，将信息流从电线中解放出来，并使信息不再局限于文字形式，借助于迅猛发展的信息网络技术，信息极其迅速地从根本上改变了整个社会。当然，信息也改变了国家财政、政府预算及国库管理。

（二）信息改变政府预算

资源的分配与有效利用，是国家及其政府和公众共同关注的焦点，财政制度的建立即源于此。用信息学的观点讲，作为政府理财系统的财政体系，包括纵向多个层级、横向多个部门，流经多个环节，涉及众多主体，构成了一个复杂巨系统。[①] 随着经济社会发展水平的提高，政府组织体系日益复杂，政府预算规模与范围逐步扩大，这一系统的复杂性程度仍在不断攀升。

当前，人类已开始步入信息时代，信息理论与信息技术正逐步在财政管理中得到广泛应用，赋予了这个复杂巨系统一个健全的"脑"、敏锐的"眼"、强壮的"心脏"、完善的"血管"以及勤快的"手"与"脚"，从而引发了一系列重大的财

---

① 复杂巨系统这一概念最早由钱学森、于景元、戴汝为于1990年提出，详见《一个科学新领域：开放的复杂巨系统及其方法论》，发表于《自然杂志》1990年第1期。按照系统科学对于系统的分类，若一个系统的子系统数量非常庞大，且相互关联、相互制约和相互作用，关系又非常复杂并有层次结构，通常称作复杂巨系统，如生物体系统、人体系统、人脑系统、社会系统等。财政系统是社会系统的一个组成部分，也具有复杂巨系统的基本特征。

政变革。这些变革从信息理论与信息技术诞生后不久就已兴起，至今尚在进行之中，当然也还有许多问题需要我们用创新型思维和先进手段去化解。毋庸置疑，将信息理论与信息技术不断应用于财政管理，不仅是深化改革的必然逻辑，也是信息时代所对应的"财政革命"及其内在的"财政理论革命"的客观要求。

二、建造财政信息基础设施

（一）破除"信息孤岛"

在我国，加快推进财政管理信息化，是现代管理——"数目字管理"能力建设的基础与基本渠道。时至今日，我国"金财工程"建设已渡过了十多个年头。十多年来，我们经历了对业务系统单项开发和单机应用阶段、对单项业务系统有限连接和网络应用阶段，逐步建立起基本符合财政发展规律的财政管理信息系统。在这个不断摸索、逐步完善的过程中，也暴露出一些缺点和不足之处，制约着"金财工程"建设的进一步发展。

财政业务是一个互相联系、彼此融合的有机整体，预算编制形成的年度预算数据，需要在指标系统里转换为可执行指标；政府采购和工资统发等业务在处理过程中实时受控于预算指标及其计划额度，并与支付管理对接；执行系统里支出控制数的生成需要非税收收入系统数据的支持；预算执行的收支过程数据和结果应用于执行分析和决策支持，如此形成主体业务的大循环。

但是，由于业务应用软件大都局限于各处室内部的应用，收支数据分散在不同系统中，致使财政数据共享度低、交互量少，存在大量重复操作、手工传导、阻断业务流程的现象，在上下级财政部门之间、局内各应用系统之间存在着"信息孤岛",不仅增加了业务处理的复杂程度,也降低了财政资金的管理效率。

(二) 建造应用支撑平台

2007年以来,财政部全力研发并推广了"应用支撑平台"(以下简称"平台"),为"平台"建设制定了时间表,第一步是2008年年底以前进行前期准备和组织试点;第二步是2009年年底以前基本完成"平台"在省级财政部门的推广实施;第三步是2012年年底以前完成在市级和县级财政部门的推广实施。

从工作层面看,"平台"是一个集中数据库的数据平台、处理财政业务的业务平台,同时也是数据标准、业务标准和技术标准的承载体。紧紧围绕财政改革与发展大局,以信息系统整合为突破口,建设并推广基于统一业务及技术规范的应用支撑平台,将主体业务应用纳入一体化管理。

从理论层面看,平台建设提出了"金财工程"建设的核心命题,即建立依托于现代信息技术基础之上的"财政数目字管理系统"。平台建设统一了财政业务基础数据,为数据共享和充分利用奠定了基础;解决了预算、支付等业务系统中基础信息多处维护,口径不统一等问题;规范了业务处理流程,使财政管理更加精细化;优化了财政信息系统的结构,由复杂网状型结构优化为以平台为中心的星型结构。

平台建设与推广实施的最终目标,就是要建立覆盖所有财政部门、所有预算单位、所有财政业务、所有财政资金的一体化信息系统,达到本级财政内部、上下级财政以及财政与同级预算单位之间的"三通",实现预算自动汇编、收支及时汇总和决算自动生成,从而形成支撑财政业务全面管理与高效运行的重要"基础设施"。

三、科学管理财政数据

（一）数据管理的重要性

信息学理论认为，信息是实物运动外化出来具有独特性的物质存在状态，是一种"可流动的特殊介质"，信息的传递与处理构成了所有组织行为方式的基础。在一个组织机构中，信息就是联系人与人、人与业务管理之间的纽带，基于特定业务与管理方式的信息运动形成了信息流，这种信息运动实际上就是组织机构中具体管理者基于各种资源进行业务处理与管理状态的反映。

在财政组织体系中，业务流与资金流是财政管理活动中处理的主要对象，两者运行是否通畅很大程度上决定着财政管理水平的好坏。为了提高财政资金的管理与运行水平，财政部门必须对业务流和资金流加以更好的管理。而对业务流与资金流状况的准确及时把握及其有效管理的基本要件就是优良的信息流管理。任何信息流的混乱，都可能造成业务流与资金流的更大混乱。

随着信息化意识和水平的不断提高以及管理信息系统的大量应用，财政部门积累的信息或数据越来越多。可以说，我们已经被淹没在数据和信息的海洋中，但"数据丰富、信息贫乏"等问题亟待解决。显然，科学管理财政数据是一项具有重大意义且极为紧迫的任务。

按照财政部"金财工程"建设规划，平台建设已成为快速构建财政新系统、整合原有业务系统的有力工具，建成之后可以在全国财政系统方便快捷地实现资金监控、统计分析和决策支持。为了实现这一目标，平台建设不仅涉及软硬件的购置，更重要的是要在统一业务基础数据，在规范基础上建立完整、全面、及时、准确的财政数据中心及其管理机构。

（二）提高数据管理的科学化水平

加强财政数据管理，是"平台"建设必然的直接的要求，也是现代国库能力建设的重要内容。新时期，应从战略上充分认识到财政数据管理的重要性和必要性，立足于高效、稳定与安全三项原则，提高数据管理工作的科学化水平。

一是立足于"保高效"，强化智能运行。随着业务与技术的深度融合，数据中心的运行几乎涉及省、市、县甚至乡级财政部门主体业务的每一个工作岗位。面对涉及面如此广泛、管理设备与数据如此庞大的现状，数据中心必须要把保财政工作高效运转放在首位，按照智能化建设原则，通过先进的技术手段和流程化的管理工具，整合数据中心资源，实现数据中心管理平台化，减少人为操作，降低管理复杂程度，全面提升自动化管理水平和管理效能。

二是立足于"保稳定"，强化风险防控。财政数据中心环境复杂，不仅设备多、应用复杂，管理区域、层次和环节也多，一个表面的应用问题可能涉及较多的故障层次。数据中心应以运行维护为核心，强化机制制度建设，科学、合理地设置岗位职责，探索建立大运维体系，通过上下联动、左右配合，有效降低运行风险，保障数据中心不间断的、持续的稳定运行。

三是立足于"保安全"，强化制度建设。数据中心存储的财政数据资源关乎财政工作全局甚至是社会的正常发展。如果造成一点点数据的损失或系统的中断，其后果都可能无法估量。但数据中心的信息系统、应用体系结构及设备种类复杂多样，面对如此复杂的运维环境，稍有不慎就可能导致事故发生。因此，必须要确立安全第一的管理理念，建立完善的制度是做好管理的保障，采取切实有效的措施，加强实时动态监管，定期排查安全隐患，始终把风险防控放在管理工作的首位，未雨绸缪，确保数据万无一失。

综上所述，以实现财政核心业务高效、稳定、安全运行为目标，以信息技术基础构架库管理理念健全运行服务体系为基础，以完善的管理制度和流程规范为保障，以先进技术和管理工具为手段，以高素质、专业化管理团队为后盾，从立体多维的层面，全面加强数据中心科学管理，可以实现财政数据高可靠、高性能、易管理、易扩展等目标。

四、财政数据集中及其实现路径

（一）借鉴税务数据集中经验

"金税工程"是我国政务信息化起步最早的"三金"工程之一。借鉴税务信息化的成功经验，有利于更好地推进"金财工程"建设。

税务信息化的灵魂和核心是数据，最宝贵的财产也是数据。随着税务系统各项应用的逐步深入，各应用系统收集和存储的数据量急剧增加，特别是一些关键系统，如金税系统，出口退税系统、办公自动化系统数据的积累不断增加，这些数据对税收管理工作起着至关重要的作用。

数据的科学管理与深度利用是税务信息化的关键，而数据集中则是数据管理与应用的前提。如果基层税务部门提供的数据不真实或不全面，就难以做出科学、正确的政策决策。用正确的方法去分析错误的数据，显然不能得出正确的结论。为了避免出现这一局面，从2002年起，税务系统开始实施税收数据的省级集中。省局开始直接掌握基层税收征管数据，而基层则不能修改软件或数据库中的数据。

截至2006年年底，全国共有31个国税局推广应用了总局统一的综合征管信息系统,部分地税局也在全省范围内统一应用了自行开发的综合征管软件,相关数据已实现了省级集中,而且31个省国税局征管数据已进一步集中到总局。税务数据集中使省局、总局获取到大量原始信息,较好地解决了税务机关上下级之间信息不对称的问题,对解决微观领域中税务机关与纳税人之间信息不对称的问题也有较大的帮助。

税务数据实现省级集中后,用于开展税收管理、深化税收分析等的信息资源得以大大增加。横向上从入库数、应征数扩大到企业基本信息、纳税申报以至部分生产经营和财务指标;纵向上税收数据的颗粒度大大缩小,可以很快聚焦到最原始的微观领域数据来研究问题。同时,数据集中也使分析的效率得到显著提高。此外,县级税务部门不再需要对征管软件运行的服务器系统、数据备份系统以及高要求的机房场地建设进行投资,仅此一项可节省县级投资百万元以上。

"金税工程"三期规划①提出了"1234方案",进一步推动与提升了税务数据管理的科学化水平。其中,"2"的含义是指在"一个平台"的支撑下,建立总局、省局两级数据处理中心和以省局为主、总局为辅的数据处理机制,逐步实现涉税电子数据在总局、省局两级的集中存储、集中处理和集中管理。随着税收信息化建设步伐的加快,特别是CTAIS2.0系统的上线运行,涉税数据的采集和覆盖范围日益扩大,深化数据应用、加强数据质量

---

① "金税工程"三期建设期为4年,即2006~2009年,分三个阶段实施:第一阶段是启动、开发和试点阶段,利用两年左右时间,建设完成国家税务总局到各省(区、市)局的骨干网,以及部分省(区、市)到市、县局的网络改造,在国家税务总局和6个试点省开展相关信息系统建设;第二阶段是全面推广阶段,利用一年半左右时间,在第一阶段试点的基础上,完成其余省(区、市)各级税收征管信息系统的推广和建设工作;第三阶段是完善和验收阶段,利用半年左右时间,完善和改进信息系统各项功能。

管理，成为新阶段各级税务部门的一项重要工作。

与"金税工程"相比，"金财工程"起步晚、规划弱、进展慢、水平低。尽管财政行政体制不具有税务部门垂直管理的特别优势，财政数据集中仍有其必要性，有充分的法理、制度及政策基础。借鉴"金税工程"的成功经验，"金财工程"建设一方面要强化看得见的软硬件配置，另一方面要加快推进财政数据管理制度改革与模式创新。

（二）财政数据集中的模式选择

作为当前和今后一个时期财政信息化建设的重点，应用支撑平台有效解决了标准统一和系统整合等问题，是我们打破长期以来形成的发展"瓶颈"、化被动为主动的关键所在，也是大势所趋。顺应这一趋势，建立财政数据"以省级集中管理为主、以若干地市分中心协管为辅"的目标模式，是未来相当长时期内可以适应我国国情、较为现实的明智选择，有利于将财政管理及其信息化水平推向更高的发展平台。

县级财政部门各自按照平台要求建立财政业务应用系统自主管理财政数据，是财政数据管理的可选目标模式之一。由于我国县级财政部门改革步伐相对缓慢且进展不一，信息化建设的机构、编制、人员难以解决，技术力量相对薄弱及资金投入困难等原因，县级管理模式具有诸多严重的弊端。

省级财政部门建立财政数据中心集中统管全省财政数据，也是财政数据管理的可选目标模式之一。虽然省级财政部门具备技术人才优势、改革意识与推进力度相对强大，但由于管理任务繁重、服务半径过大、响应能力薄弱等原因，省级管理模式实际上难以有效地实现科学化的财政数据管理及其深度利用。

因此，较为现实、明智的选择，是建立"以省级集中管理为主、以若干地市分中心协管为辅"的目标模式。在成立省级财政数据中心的前提下，各省可根据实际选择若干具有区位、技术等优势的地市级财政信息中心成为省级财政数据分中心（以下简称分中心），属于省级数据中心的直属分支机构。分中心的设立可以借鉴中国人民银行的大区制经验，没有必要一个地市成立一个分中心，应打破省域内行政区划，一个分中心可以协管周边若干地市及其县区的财政数据。这一模式可以有效发挥分中心上联下传的作用，弥补省县两级数据管理的不足，推动基层财政数据向高层级政府集中，具有多方面的重要意义。

一是有利于贯彻落实"金财工程""五统一"的总体原则。在建立统一硬件、软件操作平台和一体化业务应用系统的基础上，实行财政数据集中管理，不仅是税务部门信息化建设的成功经验，也是银行等诸多行业或部门信息化建设的共同选择与基本趋势。

二是有利于促进基层财政改革。实行财政数据集中管理后，所有县（市、区）的财政信息化建设将由数据分中心统一规划和实施，随着业务应用的推广使用和业务支撑平台建设的完成，各县（市、区）财政业务得以规范，财政改革必将得到深化。

三是有利于提高网络和数据的安全性。考虑到县（市、区）网络建设、网管能力和经济实力有限，由数据分中心统一管理可以选用更高端的服务器或小型机来实现各县、区设备的共享，可采用双机热备、负载均衡和集中存储备份等手段保障财政数据的安全。

四是有利于加强基层财政监管。长期以来受传统财政管理模式的制约，上级对县（市、区）财政工作的监管主要是依靠组织各级、各分管业务口深入县（市、区）检查的方式进行的，实现财政数据在省、市、县三级贯通，可以增强上级部门对拨付资金的真实性、全面性和及时性进行跟踪和问效，提高监管能力与水平。

五是可以大大节约财政信息化建设和维护的费用[①]。县（市、区）财政数据由数据分中心管理，相应的县（市、区）信息化建设资金由数据分中心统一管理，集中使用，加强监管，可以发挥规模经济优势，减少重复建设与重复购置，提高信息化资源的利用效率，节约信息化建设资金和维护运营费用。

六是可以大大减轻县（市、区）服务器、网络维护的工作量。由于主要设备、软件和数据库都在数据分中心进行维护和管理，对县（市、区）计算机软件、硬件技术人员的要求会大大降低，减轻县（市、区）服务器、网络维护的工作量。

七是有利于数据深度利用和提供决策支持。有了大量原始数据之后，根据决策目标，进行数据挖掘与深度利用，分析影响财政业务的关键因素，将各种数据及时地转换为管理者感兴趣的信息，并以各种方式展示出分析的结果、预测发展趋势、提供决策支持，减少决策的盲目性，全面提高财政管理水平。

当然，实行财政数据"省级集中管理、地市分中心协管"，既带来了高的效益，同时也可能带来新的风险。财政业务的稳定开展运行，将完全依赖于信息化基础设施，取决于主机系统、业

[①] 据笔者在洛阳市财政局的实地调研发现，根据各业务应用系统建设所投入硬软件的费用测算、并比照其他地市县（市、区）建设的投入情况，县（市、区）分别建立业务应用系统，须投入的经费约为250万元（网络及环境安全建设80万元、六个核心业务系统服务器60万元、操作系统和数据库软件40万元、应用软件50万元、实施费用20万元），17个县、区仅基础建设费高达4250万元，这还不包含各县（市、区）每年40万元的系统维护费用和线路租赁费用。如果实行县（市、区）财政数据在市局的集中管理，县（市、区）信息化建设资金由市"财政信息化建设领导办公室"统一管理，集中使用，加强监管，需投入经费约为1200万元。其中，国库集中支付和会计核算用小型机两台约280万元；预算、工资、非税等业务应用系统服务器10余台约200万元；操作系统、数据库及中间件等软件费用120万元；各种应用软件费用约400万元；网络安全及数据安全需新增硬件设备等约150万元。总之，综合成本可节约70%左右。

务软件、网络通信等因素。在财政数据从分布式处理向集中式处理及管理发展时，在对主机、网络等基础设施的建设中，必须充分考虑这些系统的安全、稳定等因素，以保证财政业务系统的安全运行。

同时，由于所有业务及数据都由数据分中心汇聚到省级财政数据中心，数据分中心在网络管理和软件维护的技术压力倍增、网络和数据安全责任重大、资金投入增大，必须明确其所承担的工作性质、职能权限和人员编制，以及信息化投资的分级负担等事项，以确保其能够完成所承担的职责和任务。

数据集中是财政管理信息化推向更高阶段的重要内容。当前要抓住平台建设与推广实施的良机，及早实现财政数据集中管理，对于快速推进平台建设、实现财政数据贯通和全面节约财政信息化建设投资、提高地方财政信息化管理水平具有十分重要的现实意义，将开辟财政信息化建设的崭新天地。

五、财政数据的深度利用

（一）数据的深度利用

数据集中不是目的，而是数据管理的手段。在财政数据集中的基础上，需要进一步增强数据挖掘、分析和深度利用水平，避免停留在数据简单集中的初级发展阶段。

从财政收入来看，建立数据分析模型和科学决策分析系统，利用先进的数据分析方法，可以深入剖析现行收入政策利弊，探求各种改革措施可能产生的影响及其施行的效果，客观科学评价收入管理及改革措施的得失。

从财政支出来看，利用现代数据分析技术对各类公共服务受益者及受益程度进行分析，对公共服务收益范围进行较为准确的测度，可以科学、合理地确定财政支出优先顺序，避免出现"眉毛胡子一把抓"的低效支出决策与管理状况。

从预算管理来看，准确把握财政数据分析的量化特征，对于预算科目的科学设置、支出项目的细化、收支运行的动态监控有极为重要的作用，有助于强化预算的严肃性；财政数据的全面获得、科学分析，可以为零基预算的推行铺平道路，对部门预算、国库收付、政府采购等改革的进一步深化产生积极的促进作用。

从财政决策来看，以充分翔实的数据和科学规范的分析为依托，可以为财政决策的规范化提供坚实的保障。无论采取何种决策体制或机制，相关决策者通过财政数据分析掌握充分而准确的信息都是实现财政决策科学化不可缺少的前提。

从财政规划来看，通过对历史数据的有效分析，可以使决策者了解过去的成功与失误，为新规划的制定提供宝贵的借鉴。通过对当前数据进行分析以及运用科学的预测模型对当前及未来影响财政活动的可能因素进行计量，辅之以同期其他国家或地区同类财政活动的比较，可以为财政规划的制定提供更为全面的参考。

（二）财政数据的统筹管理

统筹学（Operation Research），又称运筹学，是对组织机构管理如何"运作"而进行研究的一门科学。西方学者莫斯（P. M. Morse）与金博尔（G. E. Kimball）在他们的奠基之作中给统筹学下的定义是：统筹学是在实行管理的领域，为决策机构在对其控制下的业务活动进行决策时，提供以定量研究为基础的一门应用科学。自第二次世界大战以来，统筹学在企业、政府领域得到了广泛应用，以解决有限的资源如何科学分配的难题，成为软科学中"硬度"较大的一门学科，是系统工程学和现代管理学中的基础理论和重要方法。

以"财政信息网络+用户"为标志的财政信息化体系，不仅是个开放的复杂巨系统，而且是由人设计、制造的复杂巨系统。从根本上讲，以统筹管理为指导推动财政信息化建设，以财政信息化建设促进财政改革与管理创新，以财政改革与管理创新实现统筹发展，不仅是财政信息化建设过程中要始终把握的重要原则，而且也是全面实现财政制度现代化的必由之路。

依托于平台建设推行财政数据集中管理，可以从源头一次捕获信息，实现业务流与信息流的高度重合，并根据轻重缓急将政府职能中带有不变性质的业务流逐步信息化，以达到财政业务重塑的目的；可以使得财政管理操作执行层与决策层直接沟通，促使金字塔式的管理结构转变成为扁平式的管理结构，建立跨部门、跨层级的有效联通渠道，实现财政组织体系纵向扁平化与横向一体化；可以建立"以客户为中心""一站式"服务的财政管理模式，促使财政工作方式由控制型向参与性和自主型转变、由注重以"物"为中心向以"人"为本转变、由经验决策向科学决策转变、由简单事务操作向知识智能管理转变、由被动执行向主动创造转变。

结语　从历史走向未来

一、中国国库改革溯源

在《财政学与中国财政——理论与现实》（商务印书馆 1948 年版）一书中，我国著名经济学家马寅初①指出："中国古代的公库，并非真正的公库，它的作用无非为皇室保管金银珠宝及其他各种财宝，至多是官厅公库性质。"

官厅公库制，是指每一个官厅各自设立一个公库，以管理其款项的出纳。马寅初指出官厅公库制缺点甚多："一是难以监督，难免有舞弊和浪费现象发生，而整个政府的预算难以核实；二是各自设立公库，机关繁多，开支庞大，各自出纳、各自保管、各

---

① 马寅初（1882～1982 年），著名的经济学家、教育家、人口学家。1906 年赴美国留学，获得耶鲁大学经济学硕士，哥伦比亚大学经济学博士。1915 年回国，先后在北洋政府财政部当职员、北京大学担任经济学教授。1929 年后，出任财政委员会委员长、经济委员会委员长。1938 年初，任重庆商学院院长兼教授。1940 年 12 月 6 日被蒋介石逮捕。1946 年 9 月，到上海私立中华工商专科学校任教。1949 年 8 月，出任浙江大学校长，并先后兼任中央人民政府委员、中央财经委员会副主任、华东军政委员会副主任等职。1951 年任北京大学校长。1960 年 1 月 4 日，因发表《新人口论》被迫辞去北京大学校长职务。

自开支，弊窦丛生；三是现金由各官厅分散保管，不能收有无相通、挹彼注此之效。经费既不能融通，财政上自难应付。"

"清末所试行的制度，有近代公库制的形式，但缺少内容，仍未从官厅公库蜕变而出。民国之公库，虽稍有进步，然因事权不一，不免多少带些行政公库的色彩。民国十六（1927）年后，国民党南京政府推行统一公库制，但缺陷依然存在。"

针对国民党政府当时存在的"征收机关之抵解坐支与拨付"问题，马寅初提出"一切收支均应集中统一于金库，凡政府之收入，应由金库直接代理，凡政府之支出，均应由金库直接拨付。"所谓征收机关之抵解坐支与拨付，是指"收税机关征得税款，一部分自行坐支，以充该机关自己的经费，一部分拨付其他机关，以充其经费。中央银行的国库局事实上是一个事后的转账机关。"

针对当时"各省之厅处皆有专款留备自用，破坏预算之统一"问题，马寅初提出"一切收入，均集中于一处，而后公库主管机关方能酌盈剂虚，通盘筹划，以维持收支之平衡，而使各机关无苦乐不均、恩怨不分之感"，"况力量集中，即有不足，以整个统一的机构去筹措，亦比较分立的机构各自去筹措，容易得多。"

针对当时"一切税款收入，大都由各征收机关向纳税人收取自行保管，然后汇解国库"问题，马寅初指出"一转手间，不免发生流弊"，并提出"人民向政府纳税，应直接缴纳于代理公库之银行，不必交与税局或征收官吏。人民向政府领款，可以直接向代理公库之银行支出，不必去找某一个官吏或机关"。因此，"征收机关不准自行收纳，支用机关不准自行保管……如是，国库不致虚糜，而政治可望清明矣"。

在此基础上，马寅初提出"一切经费须由收入总存款拨入普通经费存款或特种基金存款后始得支出，而各机关接到支付书时，公库仅予以转账，由公库收入总存款项下拨入各该机关经费存款户，并不支付现金。至该机关有实际需要付款时，则以支票为之，由持票人向库兑取现金，如是支出机关由领到支付书以至经费支出，始终不见现金，而舞弊者无可施技矣"。

同时又指出，以上方法"虽属善法，也不得不因事实上的困难而有所变通"。例如，"零星收入或零星支出由国库统管，就繁琐不堪了，因此可以自行保管"。

如不实行以上办法，各"支出机关，每于请到经费后，即向库领出自行保管。其必保留一部分为目前未使用及已使用之剩余金额。此项金额，徒使其分散于库外，对于公库金之周转，必有甚大的影响。且分散库外之一部分公库金，常由各机关长官自派出纳人员掌管，弊窦易滋，且难发觉"。

在谈及"国库管理的精髓"时，马寅初指出"领款机关，要动用款项，必须牵动四个机构，即主计机构、财务行政机构、审计机构、代理公库机构，否则款项无法动用。每一财务事项之发生，须经多数人员处理，舞弊机会虽不能杜绝，亦可减少"。

在分析中央银行与财政部在国库管理中的关系时，马寅初提出"人们普遍误认为中央银行为国库者，与财政部立于平等地位，中央银行既为国库，其办理国库事务之部分，即为国库主管机关。其实，中央银行无非为代理国库之银行，自己并非国库"。

在分析美国于1916年以前曾实行过独立的国库银行制度时，马寅初指出其多种缺点："1. 行政费用增加；2. 现金死藏，不予社会以融通之便利；3. 不免受政治上有权势者之非法干涉"。

在论及委托代理国库制度时，马寅初指出："委托代理制下，银行对于公款有保管之义务，而无利用之权力……因此于公库有大宗收入时，市面不免发生通货紧缩；有大宗支出时，不免呈现通货过多，凡此足以扰乱金融的平衡。且银行代理国库业务，人力财力，两皆浪费，手续繁冗，无利可图"，因此银行代理国库的积极性必然不高。

在论及当时世界各国推行银行存款制，即政府之公款交与中央银行经理时，马寅初说："银行收受（政府公款）之后，一切手续与收受普通存款无异，作为政府之存款，与银行之营业资金相混，归银行自由运用，但政府可收利息与一般往来客户无异。……一切建筑保管设备等费用可以节省，银行且可以运用政府存款，以调剂社会金融之紧缩，亦不畏强权之挟持。……于委托者与代理者均有裨益，政府可收存款利息，银行可自由运用库款"。

在论及银行运用政府存款的方式问题时，马寅初指出："按中央银行之组织，国库业务由国库局办理之，而运用库款之事务，由业务局办理之。因此国库局所收纳之现金，应以存款方式交诸业务局，并入中央银行业务资金内，以资银行之运用，或用以调剂金融市场，或用以支撑货币制度，全在业务局之设计策划，以完成其所谓银行之银行的使命"。

在论及财政、金融宏观经济调控时，马寅初指出："社会金融宽松时，政府可以经过银行以发行公债的方式，吸收一部分资金，以平衡金融。于金融紧急时，可以经过银行作大量的支出，以增加社会购买力。斯时的中央银行，亦要负起调剂金融之责……直接间接增加社会的现金头寸。如是银行的力量、政府的力量，向同一方向、同一目标一动，二者交相为用，收效自宏"。

国民党政府1949年倒台之前曾一度推行统一公库管理制度，一定程度上具有国库集中收付的思想色彩。从理论上讲，这一制度具有历史进步性。但在论及其执行的实际情况时，马寅初指出"公库制度只具形式"。

理由如下："因人力单薄，对于收付款项，大部分只求形式数目相符，无法为确实调查。公库中缺乏审计人员，因全国面积辽阔，尚未能遍设。收入之款，不缴公库。在有些机关经费拨到时，往往悉数提出，另存入非代理公库之银行生息。其他款项，亦常有假冒专款提出，另行存入非代理公库之银行以谋生息。代理公库之银行，亦时有不法之事发生。一般乡镇及偏远之区，均无公库，因此纳税人只能交征收机关代收"。

二、现代国库理论的创立

马寅初是我国较早倡导国库集中收付思想的先驱。首先，马寅初已经清醒地认识到国库资金分散存放的多种弊端，一是影响国库资金的周转；二是易于滋生腐败；三是无法调剂各支出单位之间资金余缺。针对这些不足，提出了"一切国库资金应统一、集中存放"的思想。其次，清醒地认识到征收机关代收交库方式的弊端，"一转手间，不免发生流弊"，并提出了"征收机关不准自行收纳，纳税人直接交入代理国库之银行"的思想。最后，清醒地认识到国库分散支付的弊端，提出了"工资统一发放、银行代发"的思想，还提出了"凡政府之支出，均应由金库直接拨付给各支用机关或约定债权人""支出机关由领到支付书以至经费支出，始终不见现金"的思想，但对该项制度的可操作性深存忧虑，"每届发放薪金之时，纷纷持票向银行兑取，势必拥挤异常"。

由上述论述可以看出，马寅初的这些观点正应和我们推行国库集中收付制度的核心思想，同时他还指出了国库资金集中后应充分调配使用、实现财政与央行的协调配合，已经具有国库现金管理思想的萌芽。我们不能不说，马寅初是我国倡导国库集中收付思想的先驱。

马寅初的国库管理思想是中西合璧的结果，受美国国库管理理念影响最深。美国独立后，自 1791 年始，美国第一银行、第二银行、州立银行和国民银行先后为政府行使贷款、代理金库和调拨资金等职能。但是在 1837 年纽约的金融恐慌中大批银行倒闭，国库为此蒙受损失，促使联邦政府于 1840 年实行独立国库制度，自行设库管理财政收支。直到 1914 年联邦储备体系的建立，才重新成为中央银行代理国库的新开端。

此后，联储体系成为联邦政府资金的主要保管人，绝大部分政府支出和入库业务也是由财政部在联储的存款账户上进行的。为避免把全部政府收入和支出都由联储体系存入和提取所带来的对金融市场的扰动，财政部通常将其存款余额的一部分存放在联储，其余部分存入 13000 多家商业银行的"税收和公债账户"中。直到今天，美国联邦政府资金存放依然维持着这一格局。

银行存款制是委托代理国库制下较为高级的具体管理模式。银行存款制是马寅初大力提倡的一种具体的国库管理模式，反映了 20 世纪 50 年代之前世界发达国家的主流思想。在委托代理国库制实行之初，政府资金与银行营业资金界限清楚，不能混用。银行不需为政府垫付资金，但也不能动用政府存款；政府资金不计利息，但也不向银行缴纳服务费用。因此，彼此之间是纯粹的业务代理关系。

在国库代理业务量不大、资金规模较小的情况下，这一制度易于操作，可以保障政府资金的安全，具有明显的优点。但随着政府职能的拓展与财政支出规模的扩大，在国库代理业务量与资金量陡增的同时，代理国库之银行的积极性却悄悄下降。正是在这种背景下，银行存款制应运而生了。

银行存款制并不否定委托代理国库制，而是在委托代理国库制度框架下修改和调整了财政与中央银行之间的委托代理的具体内容，即在保证安全、便捷地实现政府收入与拨付功能的前提下，中央银行可以充分、自由地运用政府存款。由此形成了"财政存款计息，银行服务收费"制度。从而，中央银行可以统筹调控社会总资金量，协调财政与金融两种宏观调控力量，并有利于社会经济的发展。

由于历史时代的原因，马寅初没有从概念上明确提出国库集中收付制度，也没有提出相关的具体措施和可操作对策。而且，他还忽视了1948年前我国的特殊国情，先进的管理思想不可能在战火连天的恶劣环境下得到贯彻与执行，这也就注定了其必定失败的命运。

同是在那个时代，几个主要的西方发达国家也没有明确提出国库集中收付制度或单一账户制度。美国1913年联邦储备法规定：联储为政府资金开立存款账户，财政支出则通过联储理事会、12家联储银行及其25家分行组成的电信拨款系统来进行。直到20世纪70年代，电信拨款系统才被电子计算机系统所取代，最终形成了全国范围的电子支付系统。

第二次世界大战之后，世界经济的迅速恢复与发展、计算机信息技术的迅猛发展、政府对金融市场管制的不断放松，更主要的是由于企业与政府逐渐意识到了资金的时间价值与机会成本，还由于政府面临着削减财政赤字与债务规模的巨大压力、提高政府资金使用效率的内在动力等，总之在各种力量的共同作用下，西方发达国家终于提出建立国库单一账户制度，在此基础上开始开展国库现金管理活动，以加强对财政收支的控制，并提高政府资金的使用效益。由此，委托代理国库制下的具体国库管理模式，从银行存款制过渡到更为高级的、覆盖财政收支全过程的、财政更具主动性的国库现金管理模式。而这一切，却是马老所未曾想到的。

时光如白驹过隙，一晃50多年过去了。当我们重新审视这些文字时，我们清楚地看到了古今中外国库管理制度沿革的脉络。迄今为止，委托代理国库制是世界各国普遍采用的国库管理制度。在这一制度框架下，经历了纯粹的业务代理制、银行存款制、国库现金管理三个发展阶段。当然，我们看到的远不止这些，不忘历史，不断学习，方能立于不败之地。

三、建立现代化的国库

2013年6月，李克强总理提出激活财政存量资金。为什么要激活财政存量资金呢？有两个最直接的原因：一是财政增量资金涨速放缓；二是人民银行国库账户中30000多亿元财政资金没有使用出去。但是怎么激活呢？

我有一个朋友，在某地级市当农业局局长，有一天他给我打电话说，他调到某一农业大县当县长了。他在电话里告诉我，他当了县长才知道，县国库账户里沉淀了很多财政资金。他问我这个钱能不能调出来用啊？我给他答复：不能用，因为你没有权力调用这笔资金，违反国务院国库暂行条例。对此，国务院授权财政部进行国库现金管理操作，目前还不允许省、市、县等地方政府通过市场化的手段运作这一笔资金。

近年来，随着国库集中收付制度改革的深化，地方国库现金余额持续大幅增加，已具备开展国库现金运作管理的条件。《国务院关于编制2012年中央预算和地方预算的通知》明确要求"积极推进地方规范开展国库现金管理"。财政部也明确指示："当前我国国库现金管理存在规模偏小、运行机制不顺畅等诸多问题，尤其是地方国库现金管理尚未启动，不利于地方经济发展，不利于规范有效管理财政资金"，同时要求按照《预算法》"国家实行一级政府一级预算"的规定，"在财政部未制定统一的国库现金管理办法之前，地方财政部门可以在省级人民政府的统一领导和组织下，进行适当的探索和尝试，但必须确保国库资金支付需要和国库现金安全"。

在 2011 年 11 月份召开的全国地方国库现金管理座谈会上，重庆、上海、宁夏、海南等省分别介绍了开展地方国库现金管理的经验，江苏、浙江、四川等约占全国 1/3 的省份都参照中央财政的做法相继开展了商业银行定期存款操作等业务，取得良好的收益和效果。这些探索和尝试，试图将国库现金管理推向全国，推向基层政府，当然，也有利于更好地激活财政存量资金。

如果仅仅把激活财政存量资金理解为国库的沉淀资金没有得到有效使用，我认为这样一种观点只看到表面，没有看到深层次的问题。比沉淀资金更严重的问题，需要我们高度重视并采取有效的手段来解决。

某职业学校的一位老师，告诉我他们学校每年的预算经费将近 1 个亿，学校领导要变着花样才能把这些钱花出去，花钱是需要大"智慧"的。如果花不出去这些钱，将不利于争取下一年度的预算资金额度。

无独有偶，北京市城区的一些居民经常可以发现，有些道路的人行道几乎每年都要翻新重铺。人行道上的砖好好的，为什么每年都要重新铺一遍呢？后来我才想明白，如果不翻新，这个钱是花不出去的，同样会影响下一年度的预算规模。

还有比上述问题更严重的，有一些专项资金经过层层转包，一包、二包、三包，多个环节转包，结果呢？每个环节大家都有钱赚，最后还能够把事干得非常好。事实表明，我们有些支出标准太低了，但也有些专项资金的支出标准太高了。

上述这些问题的存在，揭示出我国国库中之所以形成大量沉淀资金的深层次原因。当前，为什么部门或单位"小利益"可以披着制度的合法外衣大行其道？根本在于我国国库制度尚未全面实现现代化，不少账户未纳入国库单一账户体系，很多财政资金游离于国库集中收付之外，覆盖全程及所有资金的预算执行动态监控系统尚未普遍建成，政府会计及财务报告制度未能全面客观及时地反映资金运用全貌，资金使用之后的绩效评价大多流于形式，严格奖惩的预算问责机制亟待建立。如果上述系列问题能够通过深化改革得以解决，不仅可以建立预算执行与预算编制之间的良性结合机制，而且可以直接催生财政现代化的制度"突变"。

1948年，马寅初为我们第一次提出现代化的政府预算及国库管理理念。只可惜，这次历史机遇与我们擦肩而过。这一次错过，足足让我们等待了半个多世纪，直到2001年才迎来第二次历史机遇，驶上国库制度现代化的轨道。自1998年始，我国财政制度改革的重心从收入分配转向预算管理，随后政府采购、部门预算、国库集中收付等一系列改革推向全国。这些改革的共同使命，就是要建立一套严密、科学的制度体系，让政府各机构没有随意使用财政资金的机会。16年过去了，我国初步搭建了现代国库的制度框架，行进在通往现代国库的道路上，但距离成功还相当遥远。英美国家的历史经验和马寅初的理论见解，我们很容易读懂学会，但现实问题的逐一解决，还需一步一个脚印地去落实。

附 录

中央国库现金管理暂行办法

财政部、中国人民银行于2006年5月26日印发了《中央国库现金管理暂行办法》的通知（财库〔2006〕37号），为深化财政国库管理制度改革，提高国库现金的使用效益，国务院批准财政部开展中央国库现金管理。为规范中央国库现金管理行为，根据《中华人民共和国预算法》《中华人民共和国国家金库条例》等有关规定，制定了《中央国库现金管理暂行办法》。

第一章 总 则

第一条 为深化财政国库管理制度改革，规范中央国库现金管理行为，提高国库现金的使用效益，并加强财政政策与货币政策的协调配合，根据《中华人民共和国预算法》、《中华人民共和国国家金库条例》等有关规定，制定本办法。

第二条 本办法所称中央国库现金，是指财政部在中央总金库的活期存款。

中央国库现金管理（以下简称国库现金管理），是指在确保中央财政国库支付需要前提下，以实现国库现金余额最小化和投资收益最大化为目标的一系列财政管理活动。

第三条 国库现金管理遵循安全性、流动性和收益性相统一的原则，从易到难、稳妥有序地开展。

第四条 国库现金管理的操作方式包括商业银行定期存款、买回国债、国债回购和逆回购等。在国库现金管理初期，主要实施商业银行定期存款和买回国债两种操作方式。

第五条 财政部会同中国人民银行开展国库现金管理工作。

财政部主要负责国库现金预测并根据预测结果制定操作规划，中国人民银行主要负责监测货币市场情况，财政部与中国人民银行协商后签发操作指令；中国人民银行进行具体操作。

第六条 财政部、中国人民银行在明确相关职责分工的前提下，建立必要的协调机制，包括季度、月度例会制度以及在每期操作之前进行必要的沟通。

第二章 商业银行定期存款操作

第七条 本办法所称商业银行定期存款，是指将国库现金存放在商业银行，商业银行以国债为质押获得存款并向财政部支付利息的交易行为。

商业银行定期存款期限一般在1年（含1年）以内。

第八条 国库现金管理定期存款操作通过中国人民银行"中央国库现金管理商业银行定期存款业务系统"，面向国债承销团和公开市场业务一级交易商中的商业银行总行公开招标进行。

第九条 每期商业银行定期存款招标前，财政部依据月度例会拟定的计划，经与中国人民银行协商后签发操作指令，操作指令包括招标方式、招标时间、招标金额、存款期限等要素。

中国人民银行于招标日的三个工作日前，按照财政部操作指令以"中央国库现金管理操作室"名义向社会发布招标信息。

第十条 商业银行定期存款招标结束当日，中国人民银行以"中央国库现金管理操作室"名义向社会公布经财政部、中国人民银行确认的招标结果，包括总投标金额、中标利率、实际存款额等。

第十一条 为保证中央国库现金安全，国库现金管理存款银行（以下简称存款银行）在接受国库存款时，必须以可流通国债现券作为质押，质押国债的面值数额为存款金额的120%。

财政部会同中国人民银行可根据债券市场的变化情况调整质押比例。

第十二条 财政部依据国库现金定期存款招标结果，向中国人民银行开具"中央预算拨款电汇凭证"，该凭证为划款指令。

中国人民银行于招标次一工作日，在足额冻结存款银行用于质押的国债后，根据划款指令向存款银行划拨资金。

第十三条 中国人民银行向存款银行划拨资金后，负责向财政部提供存款证明，存款证明应当记录存款银行名称、存款金额、利率以及期限等要素。

第十四条 在国库现金商业银行定期存款期限内，中国人民银行定期监测存款银行质押国债的市值变化，督促存款银行确保质押足额。

第十五条 国库现金商业银行定期存款到期后，存款银行应按照约定将存款本息划入中央总金库，款项入库时，存款证明自动失效，同时，存款银行质押的国债相应解冻。

存款银行未将到期定期存款本息足额划入中央总金库的，中国人民银行在催缴差额本息款项的同时，对存款银行收取罚息。

第十六条 财政部、中国人民银行与存款银行签订国库现金管理商业银行定期存款年度主协议，进一步明确各方的权利和义务。

第十七条 除法律法规另有规定外，任何单位不得扣划、冻结国库现金商业银行定期存款。

第三章 买回国债操作

第十八条 本办法所称买回国债，是指财政部利用国库现金从国债市场买回未到期的可流通国债并予以注销或持有到期的交易行为。

第十九条 买回国债操作由财政部通过公开招标的方式面向

记账式国债承销团公开进行。

中国人民银行观察员在招标现场观察。

第二十条 每期买回国债招标，财政部提前五个工作日向社会发布招标信息，包括招标方式、招标时间、买回国债的期限、品种等要素。

第二十一条 买回国债招标结束当日，财政部向社会公布经财政部、中国人民银行确认的招标结果，包括总投标额、买回国债价格、实际买回额等。

第二十二条 财政部依据买回国债招标结果，以及中央国债登记结算有限责任公司（以下简称中央国债公司）对买回国债的冻结成功信息，向中国人民银行开具中央预算拨款电汇凭证，该凭证为划款指令。

中国人民银行于招标次一工作日，根据划款指令向记账式国债承销团成员支付买回国债资金。

第二十三条 财政部在中央国债公司设立乙类债券账户，用于记录买回国债的债权。财政部交付买回国债资金后，即拥有买回国债的债权，并根据需要注销或继续持有买回国债。

第二十四条 买回国债操作应按照品种结构合理、规模适当的原则进行，以有利于国债市场稳定发展。

第四章 监督检查

第二十五条 财政部、中国人民银行负责对市场机构参与国库现金管理活动进行监督检查。

第二十六条 在商业银行定期存款操作中，存款银行出现以下行为，财政部将会同中国人民银行根据后果严重程度，给予警告、劝退、直至解除国库现金管理商业银行定期存款协议关系。

（一）出现重大违法违规情况或财务恶化；

（二）进行严重不正当投标；

（三）不能按照规定提供足额的质押国债；

（四）不能及时将到期存款本息足额缴入国库；

（五）其他妨害国库资金安全的行为。

第二十七条 在买回国债操作中，记账式国债承销团成员出现以下行为，财政部将会同中国人民银行根据后果严重程度，给予警告、劝退、直至解除记账式国债承销协议关系：

（一）本办法第二十六条规定的（一）、（二）及（五）款行为；

（二）不能按时足额向财政部交付卖出的国债额度。

第五章　附则

第二十八条 参与国库现金管理操作的市场机构须在财政部预留印鉴。

第二十九条 国库现金管理操作涉及的账务处理，继续按照现行有关规定和程序执行。

第三十条 国债回购、逆回购等其他国库现金管理操作方式另行规定。

第三十一条 本办法由财政部会同中国人民银行解释。

第三十二条 本办法自2006年1月1日起施行。

Baumol 模型和 Miller – Orr 模型的原理与推导

一、Baumol 模型的原理与推导

该模型最早由美国 William J Baumol 教授于 1952 年提出。该模型把现金管理当做企业的存货管理，把现金当做企业生产经营活动中的一种特殊存货，依据存货的经济批量模型推导出来的。

该模型的着眼点是现金的有关成本最低。在现金的有关成本中，管理成本相对稳定，短缺成本的不确定性太高且不易计量，因而该模型不考虑上述两种成本，只考虑机会成本和转换成本。通过权衡持有现金的机会成本和把有价证券转换为现金的交易成本，寻求一个使现金的总成本最小的现金持有量。

该模型建立在如下假设前提下：1. 现金支付在整个期间内是平均分布的；2. 有价证券的投资收益率是固定不变的；3. 每次现金与有价证券之间转换费用是固定的；4. 现金和有价证券可以自由转换。

该模型同样适用于国库现金管理，适用于国库现金收支均匀、稳定、现金需求量可以预测、短期有价证券可随时转换、并知道其报酬率和每次转换的成本等理想状态下。这时，国库最佳现金持有量的确定只需考虑机会成本与转换成本之间的关系，详见附图 1 所示。

通过附图 1 可以看出，国库如想既保证政府日常的现金需要，又想少付代价，就必须处理好保持日常现金持有量与证券变现之间的关系。附图 1 中所示现金持有机会成本和转换成本线相交点所对应的横轴上的 Q 点，即为国库最佳现金持有量。

假定国库出售价值为 Q 的有价证券并将所获现金存放于中央银行国库账户。随着现金使用，现金余额逐步降为零。然后国库

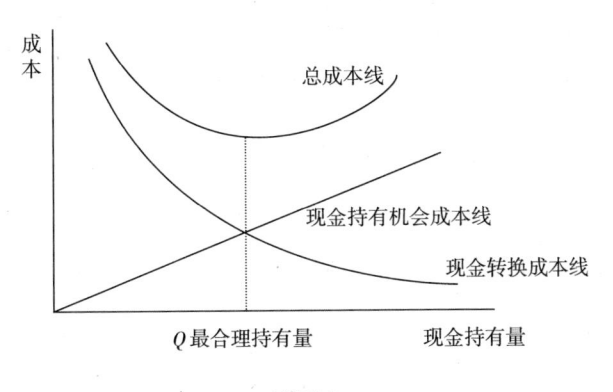

成本

总成本线

现金持有机会成本线

现金转换成本线

Q 最合理持有量   现金持有量

附图 1

再售出价值为 Q 的有价证券,并把所得到的现金存放于中央银行国库账户上。如此不断循环,该模型下的现金余额呈锯齿形状,如附图 2 所示。

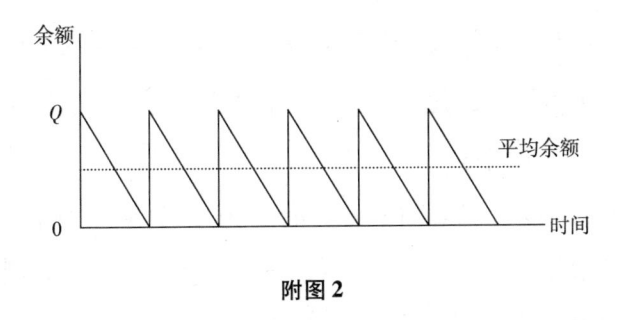

余额

Q

平均余额

0   时间

附图 2

经过一段时间后,平均的现金余额将是 $\frac{Q}{2}$。若有价证券的投资收益率为 K,则持有现金 Q 的机会成本为 $K\left(\frac{Q}{2}\right)$。同样,如果每一次存入 Q 资金,并且在一年内国库需要在它的账户中存入总额为 S 的资金,现金与有价证券之间的每次转换成本为 E,则每年转换成本为 $E\left(\frac{S}{Q}\right)$。于是,满足正常业务需要的年总成本是:

$$TC = E\left(\frac{S}{Q}\right) + K\left(\frac{Q}{2}\right)$$

对上述公式求导，一阶导数为零的点是方程的极值点。

$$(TC_Q)' = \frac{K}{2} - \frac{ES}{Q^2} = 0$$

由此可知，最佳现金持有量 $Q^* = \sqrt{\dfrac{2ES}{K}}$，一年内有价证券转换次数为 $\dfrac{S}{Q^*}$。

二、Miller – Orr 模型的原理与推导

由于 Baumol 模型假设过于简单与理想化，不适用于现金收支经常波动的现实情况下。Miller Merton H. 和 Orr Daniel 教授于 1966 年提出 Miller – Orr 模型，这是一个基于一定时期内的现金收支统计资料之上的模型，允许日常的现金流量根据一定的概率函数变化。例如，我们假设现金流量服从均值为零的正态分布，标准差为每天 500000 元，这样就可以把现实中的不确定性引入到未来的现金流量中。

在一定时期内，国库的现金需求量难以预测且收支不稳定。这时，可以根据历史资料，测算出一个控制范围，即制定一个库存现金量的上下限。Miller – Orr 模型的焦点放在现金管理所需的金额上限上，它设定了两个控制界限和一个回归点。下限即 L，由模型的外部因素决定；上限即 H，超过下限 $3Z$ 个单位；M 为回归点，即国库最佳现金持有量。当库存现金达到控制范围的上限时，可将现金用于投资，减少现金持有量；当库存现金接近控制下限时，便要售出有价证券，转换为现金。详见附图 3 所示。

附图 3 中 $T1$ 与 $T2$ 分别表示不同时期。在 $T1$ 时，现金持有量达到上限，应用现金购入 $2Z$ 个单位的有价证券，降低现金

现金存量

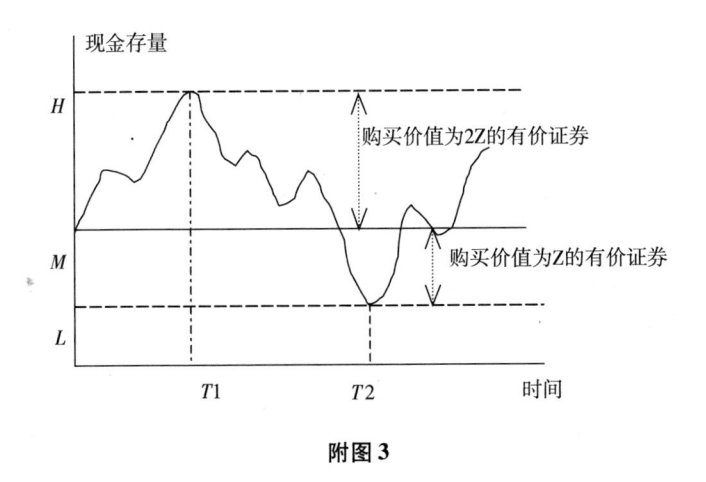

H

购买价值为2Z的有价证券

M

购买价值为Z的有价证券

L

T1　　T2　　时间

附图 3

存量；在 $T2$ 时，现金持有量低于下限，应售出 Z 个单位的有价证券，增加现金存量。现金控制范围上下限的确定，主要取决于每次的交易成本、当期的利息率和净现金流量的标准差。该模型下的成本函数是：

$$TC = E \cdot E(N) / T + K \cdot E(M)$$

其中：TC 表示现金持有的总成本；E 表示每次有价证券的转换成本；$E(N)$ 表示一定时期内现金和有价证券之间转换次数的期望值；T 表示一定时期的总天数；K 表示有价证券的日利息率；$E(M)$ 表示一定时期内每日现金余额的期望值。

为使 TC 最小，Miller – Orr 确定了现金余额的均衡点 M 和上限 H。

$$M = Z + L = \sqrt[3]{\frac{3E\sigma^2}{4K}} + L$$

现金余额的上限 $H = 3M - 2L$

（σ 表示一定时期现金波动的标准差，根据历史资料测算得出）

财政信息化建设的"洛阳"特色

2002年6月,洛阳市财政局以"河南一流,全国不落后"为目标,正式启动"金财工程"建设。9年来,成功探索出"全应用、全覆盖、市集中、一体化、大运维"的建设模式,为提高财政科学化、精细化管理水平,为促进财政改革与发展提供了有力支撑。

一、核心财政业务系统全应用。2010年,省市县应用支撑平台在洛阳全部建设完成,洛阳市本级及19个县市区核心财政业务应用系统均已建立,实现三级数据贯通。市本级通过建立财政网上服务大厅为政府资金的归集和分配建立有效的渠道,真正实现预算自动生成,收支即时汇总,决算自动完成,资产动态监管。

二、纵横网络市县乡全覆盖。2002年以来,洛阳市财政局先后建成使用了内外网络通信平台和财政城域网络,统一规划、组织实施了县(市)、区和乡镇财政网络建设。截至目前,洛阳市财政局已建成联通全市480余户预算单位的横向信息网络和所有县(市)区、乡镇财政所的纵向信息网络,实现纵横网络市县乡全覆盖。

三、财政收支数据市级集中。洛阳市曾是河南省最早进行财政业务系统集中管理的试点城市,市局信息中心分别在洛龙区、伊川县进行了部门预算和统发工资等业务系统的集中管理试验。业务系统集中管理就是由市财政统一、集中部署各业务系统,依靠科技手段,实现各个县(市、区)业务数据及其他一些相关数据的集中和整合,并通过对数据深层次的挖掘,对业务数据进行系统分析和评价,推动财政业务向决策科学化方向迈进,提高财政的管理水平和工作效率。业务系统集中管理模式方便管理、降低综合成本、提高市局高端设备的使用率、准确提供业务信息数据、充分发挥市局技术力量优势等。

四、一体化IT大运维管理及服务。2006年7~10月，根据财政信息化发展和应用需求，洛阳市财政局开发建设洛阳财政IT运维管理系统。该系统结合洛阳财政自身的IT基础设施与应用环境，分类管理洛阳"金财工程"建设规划设计、技术文档、应急预案、合同、资产及软硬件资料，实时监控网络系统运行状况，提前预警非正常运行，既提高了洛阳财政网络和信息的安全保障程度，又缓解了地市级财政部门机构、人员、技术、资金等因素的制约瓶颈，大大提高了IT运维效率和服务水平。2007~2010年，在洛阳财政IT运维管理系统基础上，征求IT治理专家和财政部信息中心意见和建议，不断做好系统完善与应用，组织科室单位及预算单位应用培训，洛阳财政IT运维管理走在了全国财政信息化建设与管理的前列。

五、全省财政系统容灾备份中心。2005年1月，洛阳市财政局新区办公楼综合布线及机房建设开工在即，洛阳市财政局主动向河南省财政厅提出将河南省财政系统容灾备份中心建在洛阳的建议。经省财政厅同意后，洛阳市财政局在新建的机房场地、供电、网络等方面为河南省财政系统容灾备份中心建设做好了基础准备。2007年9月，该项目被批准列入河南省"金财工程"一期项目中的重点项目。2009~2010年，调研河南省财政系统容灾备份中心建设需求，确定洛阳财政数据存储备份方案，确定机房环境分期改造方案并组织实施，做好实施环境准备工作。2010年9月11日，成功配合省财政厅灾难恢复操作演练，全国财政系统第一个，河南省财政系统唯一的容灾备份中心在洛阳正式揭牌并启用。

主要参考文献

中文部分

[1] 马寅初：《财政学与中国财政：理论与现实》（2001年重印），商务印书馆1948年版。

[2] 项怀诚编著：《中国财政管理》，中国财政经济出版社2001年版。

[3] 项怀诚主编：《市场经济国家财政机构设置及职能》，经济科学出版社2000年版。

[4] 楼继伟主编：《政府预算与会计的未来：权责发生制改革纵览与探索》（第12版），中国财政经济出版社2001年版。

[5] 张通：《中国公共支出管理与改革》，经济科学出版社2010年版。

[6] 财政部课题组：《英国财政制度》，中国财政经济出版社1998年版。

[7] 财政部课题组：《美国财政制度》，中国财政经济出版社1998年版。

[8] 财政部综合司赴英培训团：《致力于可持续发展的财政管理新体制》（2002年国外财政考察与借鉴），经济科学出版社2002年版。

[9] 财政部国库司编：《财政国库管理制度改革试点培训资料汇编》，中国财政经济出版社2001年版。

[10] 财政部办公厅编：《财政支出结构优化与支出效率》，经济科学出版社2001年版。

［11］中国财政学会编：《构建预算管理新模式》，经济科学出版社2000年版。

［12］财政部预算司编：《国家预算管理学》，中国财政经济出版社1986年版。

［13］中国人民银行国库司编：《国库业务工作手册》，中国财政经济出版社1990年版。

［14］冯健身主编：《公共债务》，中国财政经济出版社2000年版。

［15］贾康：《财政本质与财政调控》，经济科学出版社1998年版。

［16］邱华炳：《国库运作与管理》，厦门大学出版社2001年版。

［17］陈毓圭主编：《财务学术前沿课题》，经济科学出版社2002年版。

［18］孙晓霞主编：《财政金融热点问题研究》，经济科学出版社2002年版。

［19］陈纪瑜编：《国家预算理论与管理》，西南财经大学出版社1998年版。

［20］麦履康、黄挹卿主编：《中国政府预算管理若干问题研究》，中国金融出版社1998年版。

［21］彭龙运：《财政管理信息化研究》，财政部科研所博士论文。

［22］刘振亚主编：《美国债券市场》，经济科学出版社2001年版。

［23］陈工：《公共支出管理研究》，中国金融出版社2001年版。

［24］成思危主编：《培育与监管：设计中国的货币市场》，

经济科学出版社2002年版。

［25］杜莉：《中国货币市场及其发展》，经济科学出版社1999年版。

［26］海外货币市场研究课题组著：《海外货币市场研究》，经济科学出版社2001年版。

［27］赵伟著：《干预市场——当代发达市场经济政府主要经济政策理论分析与实证研究》，经济科学出版社1999年版。

［28］王金秀、陈志勇编：《国家预算管理》，中国人民大学出版社2001年版。

［29］王雍君编著：《公共预算管理》，经济科学出版社2002年版。

［30］周忠惠主编：《财务管理》，上海三联书店1995年版。

［31］李俊生：《市场经济条件下公共支出管理的基本框架》，载于《经济活页文选》2001年2月。

［32］张馨：《关于当前财政形势的看法》，载于《经济活页文选》（理论版）2001年1月。

［33］财科所课题组：《国库库底资金的运作管理》，载于《中国财经信息资料》2002年第2期。

［34］章江益：《从现代管理学看财政国库制度改革》，载于《预算管理与会计》2002年第10期。

［35］韦士歌：《国库现金管理及与债务管理的协调配合》，载于《财政研究》2003年第2期。

［36］阎坤、周雪飞：《发达国家国库管理制度的考察与借鉴》，载于《财政研究》2003年第2期。

［37］贾康、阎坤：《国库管理体制改革及国库现金管理研究》，载于财政部科研所的《研究报告》2003年第10期。

［38］娄洪：《建立中国政府国库现金管理体系》，载于财政

部科研所的《研究报告》2007年第1期。

[39] 韦士歌：《国库现金管理及与债务管理的协调配合》，载于《财政研究》2003年第2期。

[40] 程丹峰、杨照南：《中国国库现金管理与货币市场投资选择》，载于财政部科研所的《研究报告》2004年第19期。

[41] 潘国俊：《政府资金运动与货币供应量的关系研究》，载于《金融研究》2004年第6期。

[42] 陈明：《美国国民银行体系诸弊窦阐析》，载于《湘潭大学社会科学学报》2001年12期。

[43] 陈明：《汉密尔顿的货币银行观及其深远影响》，载于《历史学研究》2003年第10期。

[44] 财政部国库司：《英国、瑞典国库现金管理考察报告》，载于《预算管理与会计》2008年第5期。

[45] 翟刚：《学习贯彻习总书记系列讲话精神 全面深化财政国库管理制度改革》，载于《预算管理与会计》2014年第6期。

[46] 河南省财政厅调研组：《关于开展省级国库现金管理相关问题的调研报告》，载于《预算管理与会计》2014年第6期。

[47] 亚洲开发银行著，张通译：《公共支出管理》，中国财政经济出版社2000年版。

[48] 罗伯特·D·李等著：《公共预算系统》（第6版），清华大学出版社2002年版。

[49] 罗伯特·齐普夫著，褚福灵译：《债券市场运作》，清华大学出版社1998年版。

[50] 国际货币基金组织编著，财政部科研所译：《财政透明度》，人民出版社2001版。

［51］经济合作与发展组织编，财政部科研所译：《比较预算》，人民出版社2001年版。

［52］财政部预算司与香港理工大学课题组译：《权责发生制预算国际经验》，中国财政经济出版社2001年版。

［53］托马斯·D·林奇：《美国公共预算》（第四版），中国财政经济出版社2002年版。

［54］B. J. 理德，J. W. 斯韦恩：《公共财政管理》，中国财政经济出版社2001年版。

［55］澳大利亚财务管理办公室：《财务管理办公室向财政部的报告》，澳大利亚财政部2002年。

英文部分

［1］Barry H Potter, Jack Diamond: Building Treasury Systems, Finance & Development, IMF, 2000.

［2］Barry H. Potter and Jack Diamond: Setting Up Treasuries In The Baltic, Russia, and Other Countries of the Former Soviet Union, IMF occasional paper, Oct 2000.

［3］DMO: UK Government Cash Management: The New Framework, 4 December 1998.

［4］DMO: Exchequer Cash Management Operational Notice, 29 July 1999.

［5］DMO: Exchequer Cash Management Operational Notice, 6 January 2000.

［6］DMO: Exchequer Cash Management: A DMO Handbook, February 2002.

［7］FMS & Treasury of U. S: Cash Management Made Easy, April 2002.

［8］Nick Fisher: All In The Line of Duty, UK Debt Management

Office, Sept. 2002.

[9] MFS: Strategic Plan for Fiscal Years 2002 – 2005, Treasury of U. S, Sept. 25, 2000.

[10] Bureau of the Public Debt: Strategic Plan 2002 – 2005, Treasury of U. S, Sept. 2000.

[11] Eivind Tandberg, Treasury System Design: A Value Chain Approach, IMF Working Paper(WP/05/153).

作者已发表的相关研究成果

［1］《我国国库资金运作管理面临的挑战与对策》，载于《江西财税与会计》2002 年第 6 期。

［2］《政府财政管理信息系统与政府资源规划》，载于《中国会计电算化》2002 年第 6 期。

［3］《国库集中收付制度对政府管理模式的影响》，载于《探索与决策》2002 年第 7 期。

［4］《财政管理信息化的目标与实现》，载于《北京财会》2002 年第 7 期。

［5］《推进我国财政国库管理制度改革的要点探析》，载于《北京财会》2002 年第 10 期。

［6］《美国国库现金管理的历史回顾和背景剖析》，载于财科所《内报》2002 年第 10 期。

［7］《英国国库现金管理及对我国的借鉴与启示》，载于财科所《内报》2002 年第 12 期。

［8］《美国国库现金管理及对我国的借鉴意义》，载于《中国财经信息资料》2002 年第 22 期。

［9］《美、英国库现金管理模式比较与差异析源》，载于《中国财经信息资料》2003 年第 1 期。

［10］《政府债务管理的机构设置：OECD 国家的经验与启示》，载于《中国财经信息资料》2004 年第 13 期。

［11］《我国国库最佳现金持有量的确定：一个分析框架》，载于财科所《研究报告》2004 年第 31 期。

[12]《倡导国库集中收付思想的先驱：马寅初国库管理思想评析》，载于《中国财经信息资料》2004年第20期。

[13]《发达国家熨平国库现金波动的主要做法》，载于《中国财经信息资料》2004年第32期。

[14]《发达国家熨平国库现金波动的经验与启示》，载于《中国财政》2005年第1期。

[15]《论国库现金管理的内涵与本质》，载于财科所《研究报告》2005年第5期。

[16]《协调财政支出"三驾马车"的关系》，载于《经济日报》2005.03.13.14版。

[17]《宽视角下的国库管理》，载于《中国金融》2005年第21期。

[18]《美国联邦政府现金管理的历史回顾、背景剖析及对中国的启示》，载于《会计师》2006年第2期。

[19]《国债余额管理、国库现金运作及货币政策协调》，载于《中国金融》2006年第6期。

[20]《国库现金管理的国际比较与中国选择》，北京大学公共财政管理与中国和谐发展国际研讨会论文2006年6月24－25日。

[21]《用信息技术推动财政管理创新》，载于财科所《研究报告》2006年第83期。

[22]《国库管理制度变迁及经验教训：以美国为例》，载于《西部财会》2007年第1期。

[23]《我国地方国库现金管理若干重大问题辨析》，载于财科所《研究报告》2007年第22期。

[24]《在统筹与整合中推进"金财工程"建设》，载于《中国财政》2007年第3期。

［25］《地方国库现金管理亟待加强》，载于《中国财政》2007年第9期。

［26］《财政结余资金管理探析》，载于《中国财经信息资料》2008年第12期。

［27］《当前我国国库现金管理的政策功效与实现》，载于财科所《研究报告》2008年第107期。

［28］《论我国国库集中收付制度改革的深化与政策建议》，载于《中国财经信息资料》2009年第29期。

［29］《关于建立我国政府财务报告制度的探讨》，载于《财务与会计》2010年第5期。

［30］《国库现金管理与地方经济发展》，载于财科所《研究报告》2010年第138期。

［31］《财政数据集中管理及其实现路径》，载于财科所《研究报告》2011年第131期。

［32］《现代化的国库——国库制度变迁的历史反思与理论探索》，载于财科所《研究报告》2014年第18期。

［33］《健全现代国库的反腐机能》，载于《新理财·政府理财》2014年第5期。

后 记

我对国库问题的关注与研究是从 2000 年开始的。当时，关注国库问题的人要比今天少得可怜（尽管今天真正关注国库问题的人依然不是很多），而且对国库的理解也大都局限于狭隘的传统思维之中。

1998 年，我从自己熟知的工科领域转向财政学领域；2000 年，财政部财政科学研究所研究生部以其博大的胸怀接纳了我；同年 9 月，我成为张通老师门下的弟子。在张老师的指导下，我选择《我国开展国库现金管理的构想与建议》为题目撰写硕士毕业论文。从此，开启了跟踪研究国库问题的工作生涯。

时间过得真快，一晃十四年过去了。这期间，我独立撰写与发表国库研究系列论文 33 篇，关注对象从国库收支扩展到宏观调控，继而上升至国家治理。在翻阅古今中外各类国库文献之后，我深深意识到国库的重要地位与作用。财政部作为为政府理财的国家机关，尽管业务繁重，但资金分配一旦确定，随后的事情无不是国库管理的范畴。

当然，国库的重要性还体现在国库职能的日益拓展与丰富。随着现代市场经济的发展与完善，国库从单纯的资金出纳与保管者演变成为政府财务、现金与宏观管理者，国库制度从委托代理制发展到银行存款制，并于 20 世纪 80 年代开始步入国库现金管理新时代。国库现金管理制度的建立与健全，标志着国库制度现代化的全面实现。

国库现金管理是认识国库工作的一个"窗口"，也是实现国库制度现代化的基础与前提。在由传统社会走向现代社会的过程中，国库往往作为先行力量成为塑造国家的利器，而后在现代国家成长阶段成为稳定和完善国家治理的工具和手段。因此，可以讲，现代国家的建立肇始于现代国库。

任何一个国家的国库制度现代化改革，都是一个漫长且艰难的历史过程。难就难在，人类自身要创造一套科学的规制，去约束每个人本有且生生不息的私欲。种种为己的欲望，国王有，议员也有；政府有，百姓也有；外国人有，中国人也有。私欲，本身并不是罪。合理合法的私欲，应该得到保护；损人害国的私欲，必须予以根除。现代化的国库制度，就可以发挥这种作用。

在党的十八届三中全会提出"国家治理体系和治理能力的现代化"的历史命题之际，我汇集、整理、编辑和出版这本国库现金管理专著，意图为实现我国财政治理的现代化贡献自己的绵薄之力。大道之行，始于足下。现代化的财政治理，源自于国库收缴、存放、拨付、融资、投资等平凡、具体、细微的日常工作。

一个人能找到自己所喜欢的事业，是非常值得庆贺的；一个人能专注地去做自己所喜欢的事业，却实在不应忘记他人的帮助。感谢财政部国库司多位领导的信任和关怀，特别是刘延斌博士、韦士哥博士、滕霞光博士、王宁博士为我提供的无私帮助；感谢财政部财政科学研究所各位领导、研究生部各位老师、金融研究室各位同仁的指点和支持。感激之情，难以言表；点点滴滴，永志不忘！

在我国，国库现金管理研究具有很强的理论价值和现实意义，但相关研究及文献却为数不多。鉴于笔者所能搜集到的资料、自身的理论水平及实践经验有限，我今天所能达到的研究水平还很肤浅，还有许多问题亟待探讨、细化与深化，恳请各位方家批评指正！

马洪范
2014 年 7 月 15 日
于新知大厦